书中蝴蝶

中国当代藏书票

媚眼含羞丹唇笑 妙曼佳人

——沈泓 著

金城出版社
GOLD WALL PRESS

天津教育出版社

前　言

　　藏书票是贴在书的扉页或夹在书中表明藏书主人的标识，如用一句更简洁的话表述，藏书票就是代表藏书主人的标识。

　　艺术家通常采用木版、铜版、丝网版、石版等版画形式，创作各种美术图案的藏书票，署上"某某藏书""某某之书""某某爱书""某某珍藏"等字样，并印上国际通用的藏书票标志"Ex Libris"。作为小版画或微型版画，藏书票以其小巧玲珑、精美雅致的艺术性，被誉为"书中蝴蝶""纸上宝石""书中精灵""版画珍珠"等。

　　已故藏书票艺术大师杨可扬在《可扬藏书票》（上海人民美术出版社1994年版）一书中，从艺术家的角度概括藏书票："藏书票是外来的艺术形式，是实用与审美结合、图像与文字并重的一种特殊艺术品；同时，藏书票属于小版画或微型版画的范畴，幅面不大，但小而精，有自己灵活多样的形式，更有精深丰富的内涵，方寸之间天地广阔。它是供读书、爱书、藏书者使用的一种标志，也是书籍的一种美化装饰。"

　　杨可扬的这段话说明了藏书票的特点、形式和功能。

　　藏书票的构成有三个基本要素，一是图画，二是要有"Ex Libris"拉丁文标志，三是要有票主姓名，即"XX藏书""XX书票""XX的书"等。根据国际藏书票参展参赛要求，藏书票必须标明"Ex Libris"一词，有时还要标明"XX藏书"。

　　藏书票的功能是表明书的主人，在功能上，藏书票和古代藏书章一样，只不过藏书章是盖在书上，藏书票是粘贴在扉页或夹在书中。它们皆为藏书的标志，均表明藏书的主人。

藏书票从20世纪初在中国出现，20世纪80年代在中国兴起，20世纪末至今蓬勃发展，得到越来越多读书人的青睐，也受到众多藏家的追捧。

藏书票的收藏价值首先是由其艺术价值决定的，每一张藏书票都是一幅画，富有隽永的艺术魅力；其次，藏书票题材广泛，内容丰富，包罗万象，蕴涵丰富；再次，藏书票是艺术家亲手刻印的版画原作，印量极少，一般只印10张到100张，多亦不过200张，物以稀为贵。此外，藏书票票幅小，犹如一张邮票小型张，易于收集，易于保存，因此越来越多的收藏爱好者视其为收藏珍品。

作为舶来品，藏书票在中国只有大约110年的历史，经受战乱、时局等影响，只有极少数版画艺术家和知识分子接触过藏书票，直到改革开放以后，藏书票才枯木逢春，逐渐复苏并迅速发展。

由于藏书票是新生事物，一切都在探索和发展中，很多方面都没有形成定式。如藏书票的命名就没有一定之规，即使同一个作者对同一张图，也常有两种命名。通常情况下藏书票的命名有三种方式：以票主命名，如"XX藏书"；以画面主题或题材命名，如"仙人掌"；作者自己写了题名。原则上一般首选作者写的题名，但为保持藏书票命名的统一，本书中的藏书票主要采用票主命名的方式，创作年份不详的不标注。

藏书票是一个珍珠闪烁、宝石耀眼、蝴蝶翩飞、五彩缤纷的世界，愿"书中蝴蝶：中国当代藏书票"丛书带您走进这个绚丽而神奇的世界。

目录 | CONTENTS

"洛浦疑回雪，巫山似旦云。倾城今始见，倾国昔曾闻。媚眼随羞合，丹唇逐笑分。风卷蒲萄带，日照石榴裙。"这是南朝梁何思澄《南苑逢美人》诗中描写的美妙女子。女性自古就是诗人经常歌咏的对象，也是画家钟情的题材。

　　藏书票中有大量女性题材作品，无论是肖像还是人体，抑或是女性生活，都倾注了藏书票艺术家的深情。他们将女子刻画得风华绝代，或明眸皓齿、沉鱼落雁，或香草美人、梨花带雨，或花枝招展、风姿绰约，或眉清目秀、秀外慧中，千娇百媚、语笑嫣然，给人一种生动妙曼的美感。

易阳：此曲只应天上有

清泉般的眼睛，妩媚传情。你看画中人，画中人看你，眼睛是心灵的窗口，坦诚的对视，映照出无邪的纯真。

观赏者首先会被画中人的眼睛吸引，惊为天人的美人人都喜欢，但易阳最初创作的冲动不一定只是为勾画一个美人。灵光一闪，油灯的火苗，才是画面的焦点，抑或是这组"霓虹"系列的灵感引爆点。

易阳喜欢收藏，很多大艺术家都是收藏家。易阳的收藏与众不同，别人趋之若鹜追逐热门，他却走上一条僻静冷门的收藏之路——油灯。他告诉笔者，自己收藏了100多盏形态各异的老油灯。

由此可以理解易阳的藏书票中为何有那么多油灯，从"霓虹"系列，到"霓光倩影"系列，从获全国最佳小版画奖的《光阴的故事》，到获全国藏书票金奖的《清影》《圣光》，每张藏书票中都有一盏点燃的油灯。

《霓虹之一》创作于2014年，居于"霓虹"系列第一张龙头地位。构图别具匠心，色彩层次分明，右上黑色为油灯红光提供了暗夜的背景。

灯的火苗染红了少女颈上的丝巾，无数蕾丝花纹让丝巾显得玲珑剔透。

纷扬的心形图如飘洒的花瓣，耀眼的金色为清丽的画面更添华丽典雅。

◆ 霓虹之一

易阳2014年作

灯光渐远，渐次向左过渡为淡淡的绛红色。暗淡的斑驳，呈历史纵深感。藏书票拉丁文标志安排在此恰到好处，纤细笔画的黑色与另一边暗夜之黑形成对应。

色彩过渡自然而和谐，画面丰富而不臃肿。脸的留白、手臂和手的留白，不只是自然地表现了少女肤如凝脂的白皙，更使丰盈的画面贯穿一股空灵之气。

作品富有哲学意蕴。冷与暖，明与暗，密与疏，繁与简，这些原素的对立统一，在画中完美交融。如此细密繁复的丝巾纹理，煞费苦心的斑驳痕迹，衬托眉眼睫毛乃至鼻梁线条之简洁。寥寥数笔，勾勒传神，可见画家圆熟而犀利的表现力。

灯火温静，朱唇微启。灯下美人要给我们讲述一个怎样的关于灯的故事呢？

那是2003年一个周末的早上，就读于中央美术学院的易阳，又来到潘家园收藏市场，寻寻觅觅。在这里，他已经淘到无数老油灯，都是名灯。

在一位老先生的摊前，一盏易阳从未见过的老油灯蓦然跃入眼帘。易阳双手捧起，问到价格，老先生开口要800元。

易阳久经市场历练，了解行情，还价350元。老先生知道他是学美术的，专门收藏老油灯，任他磨破嘴皮，一分不让。

几个同学催促去吃早餐，易阳悻悻离去。早餐店门口，他和同学每人买了一套煎饼馃子，正待离去，想到刚才老先生可能也没吃早餐，心里一动，买了煎饼馃子和豆浆，给老先生送了过去。

老先生道声谢谢。易阳离开刚走出十几米，听到一个声音在后面叫他："小伙子，留步！"他回头，见老先生拿着老油灯赶过来，递给他说："你心好，灯就送给你了！"当然易阳还是给了他钱。

易阳将这盏灯放到画室的工作台上，每每看到都心生欢喜。那几天北京刮起沙尘暴，昏天黑地，易阳正在创作铜版画"宁静致远·灯"系列，漫无心绪。

一天，冥思苦想之际，阳光乍现，照射到老油灯上，非常漂亮。易阳灵光一闪，赶紧画速写。刚画完，阳光消失。易阳按照这张速写，乘兴画出"宁静致远·灯"系列之四，一气呵成。

接着，"宁静致远·灯"系列一张张顺利完成，每张一盏老油灯，酣畅淋漓。

2004年，中央美术学院举办美术展，易阳拿出"宁静致远·灯"系列之四等3张画参展，获得中央美术学院"学院之光"美术展学院奖提名奖。

后来，一位评委看到"宁静致远·灯"系列全套10张，遗憾地说，当时送去全套就好了，有望得一个大奖啊。

回到《霓虹之二》。大约一年后，《霓虹之一》的暖色调变成了冷色调。从此，"霓虹"系列色调统一恒定，主色调皆为冷色，只为衬托红红的灯光。

倾身向灯的佳人，一手拿起灯罩，一手调整灯捻。

她是要调亮灯光，让情郎循光而至？还是要调暗灯光，写一首《静夜思》？

调亮调暗都不重要，美妙的是体态的婀娜多姿，重要的是眉目的顾盼生情。

披肩衣服缀满一颗颗心，写满心的诉求：但愿君心似我心，乃不负相思意。

◆ 霓虹之二

易阳2015年作

衣服上点缀的心形图，变成了整个画面的构图。构图别致，灯罩内淡红的灯光呈心形或苹果形，与外围的构图形状呼应；灯芯水珠形光焰与灯头开口处的水珠形光焰上下相对应。

相互照应的巧思，有意味的形式，火苗始终是画面的焦点。

油灯是寂寞的陪伴。寂寞佳人独自玩翻牌游戏，方块A或是梅花Q，每一次翻转，都是随机的人生，莫测的命运。

画面每一细微处都有讲究，纤细的发丝，边沿类水珠的白点，俏丽的容颜……通常红色都用在嘴唇和两腮，这里樱唇不染，素腮不涂，而涂染眉眼之间，意外之笔，是易阳不落俗套的创意。

灯光是写实的，灯芯如豆又如珠，灯火如心又如苗，这是油灯点燃的本来状况。精准的描绘，表现了作者对油灯细致的观察，可见他对藏品的熟悉程度。

灯光又是写意的，火苗色阶浓淡过渡无痕，色谱起伏如三重奏交响。火苗是心灵的希望，又如琥珀凝结的泪珠。

灯光的营造，是物象与映像的碰撞，是现象与心象的观照，是现实主义与浪漫主义的融合升华。

◆ 霓虹之三

易阳2018年作

就这样对着灯光托腮凝想，就这样任时光从指间静静流过。

灯光的光晕呈现出更清晰的层次，超越了《霓虹之三》色谱三重奏，而是四重奏五重奏的交响。"霓虹"的演绎渐入佳境，"霓虹"的演进，于此奏响高潮。

"霓"与"虹"是两个并不完全相同的概念，虹是彩虹，霓是"副虹"。《说文》中有对霓的解释："屈虹青赤或白色阴气也。"列子对虹霓的解释："云雾也，风雨也，四时也，此积气之成乎天者也。"古人认为霓虹分雌雄，鲜艳者为雄虹，暗淡者为雌霓。

此曲只应天上有，霓虹是天上的至美。这组藏书票以"霓虹"为名，是对美好女子的最高评价，她们不仅有姣好的容貌，还有丰富的内涵。

◆ 霓虹之四

易阳2018年作

点燃一盏灯，就是点亮一颗心，点燃一个人。

双手捧灯，灯已点燃。轻轻调亮灯捻，调亮的是心灯。将灯调亮，照亮自己，才能照亮别人。

佳人爱灯，佳人是现代女子，灯是传统意象。伸展的玉臂，纤纤十指如水的波浪，圆曲、拧倾、收放、含仰，优雅之姿，已不是点灯调灯，而是古典舞的势态，是心花的绽放。

从《霓虹之五》开始，不再采用心形或苹果形构图，全部采用圆形构图，而每张圆形构图，总有那么一点点出圈的物什，看似无意的出格，实则是有意的布局。

圆固然完美，但有了这一点点对圆的"破坏"，圆形才不那么呆板。

正如乔布斯的苹果有了缺口才更臻完美，美人有了一点点缺陷才能生动；反之，完人招嫉，美人多舛，红颜薄命，过于完美的东西总是难以保全。

◆ 霓虹之五

易阳2018年作

"天道为圆，地道为方"，天圆地方是中国古人的世界观。圆不仅是中国传统文化的核心，也是艺术最高级的审美形式。

清代张英《聪训斋语》写道："天体至圆，万物做到极精妙者，无有不圆。圣人之至德，古今之至文、法帖，以及一艺一术，必极圆而后登峰造极。"

《文心雕龙·杂文篇》论述："义明而词净，事圆而音泽，磊磊自转，可称珠耳。"论文的圆满之美，亦通艺术之圆。钱钟书在《谈艺录》中说："形之浑简完备者，无过于圆。"

易阳"霓虹"系列的圆形构图，正是基于中华传统文化博大之性而生发——"做到极精妙者，无有不圆"。

从《霓虹之六》开始，佳人眉眼间的那抹红色不再出现，取而代之的是与画面主色调相谐的蓝色，表现了易阳创作这一系列时不断感悟、探索和微调、变化的进程，亦是绚丽归于平淡的过程。

◆ 霓虹之六

易阳2018年作

这张《霓虹之七》的艺术特色表现在两个方面：一是对光影变化的处理，二是衣服和背景中蕾丝花纹的营造。

所有佳人的脸和手臂都肤白如雪，唯有这张，只有脸是白皙的，肩膀以下的手臂笼上浅浅的灰蓝。煤油灯罩是会挡光的，这是光影变化的准确反映。

蕾丝花纹在"霓虹"系列其他票面上也曾出现过，但未曾像这张如此大面积出现。蕾丝花纹采用女性内衣蕾丝花边，或丝织品或线织品，用铜版画软蜡技法腐蚀而成。制作如此细密而繁多的蕾丝花纹，想必是煞费苦心。

《霓虹之八》的画面中读诗佳人困倦了，伏在书桌上看灯。"随风潜入夜，润物细无声"，诗迷人，而此时显然灯更迷人。

就这样相看两不厌。头上悬浮一轮水珠，大大的圆月般的水珠，令人无限遐想，大水珠中飘浮无数小水珠，梦境联翩而至。

易阳对我说："灯光是心态的自然写照，灯代表心如明镜、心里亮堂、心中有火才能点燃别人……灯里有禅学，在禅学里，传法就是传灯。"

◆ 霓虹之七　　　　　　　　◆ 霓虹之八

易阳2018年作　　　　　　　易阳2018年作

　　无数水珠在《霓虹之九》的画面中弥漫，犹如大珠小珠落玉盘。水珠技法将这张藏书票推向"霓虹"系列的高潮，还有衣服上的点金、手腕上的金镯，易阳的这两项独门绝技在这张藏书票上不吝笔墨，纵情挥洒。

　　霓虹，是灯光，也是佳人。优雅妙曼的佳人，就如天上的霓虹，灿若七彩，惊鸿一现，可望而不可即。

　　易阳如此痴迷霓虹，以此为题，耗时4年创作"霓虹"系列，除了他对灯的痴迷，对美人的理想，应该还有他对水珠的痴迷。

　　霓虹离不开水珠，是阳光在水珠中的反射。易阳苦苦探索的水珠技法，梦里寻他千百度，追求的正是霓虹啊！

　　谈到"霓虹"系列藏书票，易阳说："浮生若梦，一抹嫣红，一抹绛紫，自唐宋以来，禅画合一，意境隽永，化流光作青丝缠雪，清风徐来，幽兰青灯静如眠。"

◆ 霓虹之九

易阳2018年作

打开的书上，置一盏油灯，托腮看灯的佳丽，看到的是另一个自己。

两本书，一本是爱之书，一本是善之书。老子《道德经》云："上善若水。水善利万物而不争，处众人之所恶，故几于道。居善地，心善渊，与善仁，言善信，正善治，事善能，动善时。夫唯不争，故无尤。"

女人是水做的，水滋润万物，但从不与万物争高下，这样的品格才最接近道。

得道的人是孤独的，身处众人不喜欢的地方，谦卑难掩骨子里的清高。

美人如水，柔若无骨，柔情似水，无为，不争。如此，美人仍是招妒，自古红颜多薄命，多情反被无情恼，衷肠向谁诉？独对青灯，青灯如豆。

"上善若水"，高贵的人格、最美的品质，就和水一样，何尝不是画家的理想和精神追求？

"霓光倩影"两张，分AB两面。人都具有两面性，有时自己都不了解自己。左看灯，右看灯，灯就是一面镜子，左看是已有的自己，右看是应有的自己。

"霓光倩影"和"霓虹"系列堪称姊妹篇，都是灯下美人，但又有所不同。不同有二：一是构图不同，"霓虹"系列是圆形构图，"霓光倩影"系列是古代

◆ 霓光倩影·A

◆ 霓光倩影·B

易阳2014年作　　　　　　　　　　易阳2014年作

瓷器将军罐构图；二是色调不同，"霓虹"系列是冷色调为主，"霓光倩影"系列是暖色调。

玫瑰红是爱的颜色。红色的灯光总是给人温暖、希望和始终向善的力量。

《清雅》为纯圆构图，几乎囊括所有古典要素：竖排古籍、青花瓷、油灯、纨扇、竹帘、笔筒、笔架、毛笔……清雅的文房，清雅的文具，清雅的氛围，衬托清雅的女子。

只差一株文竹，读书女子就是姿态纤巧的文竹；只差一朵水仙，读书女子就是淡淡的清秀水仙；只差一炷清香，读书女子就是袅袅娜娜的清香。

姿态是清雅的，色彩是浓郁的。亮红的灯晕，暗红的背景，玫红的纨扇，丰富的红色光影变幻中，蓝色青花在一旁悄然绽放。

清雅的绽放，加上"随风潜入夜"几字，传统拱花技法在周边留白处的错落，更增添了这份清雅。

◆ 清雅

易阳2005年作

同一个圆上，起点即终点。这张椭圆形的藏书票很有意思，无论往哪个方向旋转，伏案佳人都面对着你，画面引人入胜。上看、下看、左看、右看，转过来看，倒过来看，各臻其妙。

上看，伏案佳人看灯，又看诗，诗文是倒的；下看，倒过来文字正了："醉里吟花望月，梦回清影点灯"；左看、右看，佳人看灯的画面感都是成立的。

灯罩后的纤手，刻画尤为真切。

"起舞弄清影，何似在人间。"佳人静静未动，每一次旋转，都能看到佳人不同的影子。

此作品用色迥异于其他灯下女子藏书票，没有红色，灯火是淡黄色的。朴素的本色，难掩内敛的华彩。

《清影》获2003年全国第十届藏书票作品展金奖。

◆ **清影**

易阳2003年作

除了涂金的手镯，画面不着点彩，没有紫色，何来"紫玉"？

圆形博古架上，每一格都摆放着一把紫砂壶；老旧的箱子上，摆放着一把紫砂壶和一个紫砂杯。"紫玉"，正是紫砂壶的代名词。制作紫砂壶的泥料中，有一种含有黄色粗砂颗粒的紫色砂泥，被称为"紫玉金砂"。该泥料名贵，制作难度高，成品率低，因此一壶难求，"紫玉金砂"成了紫砂壶的雅号，也简称"紫玉"。

一缕茶香在杯中袅袅升起。与书香茶香相伴，读书的女子心有香气，灵魂芬芳，如入芝兰之室。"紫玉香霓"，多么美的名称，恰配得上弥散于画中的香气。

玲珑剔透的葡萄、晶莹的水珠、一轮明月，渐变的丰富色彩使画面精彩纷呈，令人目不暇接。

这些都是烘托，烘托敦煌壁画中翩翩而来的飞天美人。灵巧的细腰，丰腴的体态，舞动北周风情、大唐气象。

一位葡萄酒厂的老总，特别喜欢易阳的藏书票，定做了这张《葡萄美酒夜光杯》。聪明的老总将其印在他的葡萄酒包装上。

酒不醉人人自醉，东方神韵、西域风情、古典情调，令人心醉神迷。

◆ 紫玉香霓   ◆ 葡萄美酒夜光杯

易阳2018年作   易阳2012年作

少女情怀皆是诗。《诗之境》，一本打开的书，读诗少女纯净如诗，眼中充满梦幻，头上鲜花烂漫，一只鸟儿渴望进入书中，飞入诗里。

流利的线描，勾勒出栩栩如生的人物。一丝丝长发如瀑，简劲的风格犹如壁画，犹如浮世绘，犹如莫奈笔下的少女。

这张藏书票具有国际化。画中的书名有日文，易阳认为，日本的现代化进程比中国早，我们应取其之长。

画中少女是日本女子模样。20世纪80年代，日本电影在中国流行，几位日本女影星给易阳留下了深刻印象，她们是栗原小卷、中野良子、山口百惠等。藏书票中的少女可见她们的影子。

少女象征东西合璧，鸟儿是春的信使，促成中外文化交融。

"清风明月"见清梁章钜编辑的《沧浪亭志》集句联："清风明月本无价，近水遥山皆有情。"上联系欧阳修句，下联系苏舜钦句。清风明月出自天然，是金钱也买不到之物。

《清风明月》获全国第十届藏书票展金奖。

◆ 清风明月

易阳2001年作

这是一张超现实主义作品。太空中有一本书，古人说"书中自有黄金屋，书中自有颜如玉"，而这本书里生长出一朵红玫瑰，精神指向超越功利索求。

玫瑰是爱的象征、美好的意象，赠人玫瑰，手留余香。

易阳对笔者讲述创作这张藏书票的背景："英国拉斐尔前派是我喜欢的，上大学时我就读了他们的书，他们的作品注重人性挖掘，有超现实主义风格。"

拉斐尔前派成立于1848年在英国兴起的美术改革运动中。最初是由年轻的英国画家亨特、罗塞蒂和米莱斯发起的，他们认为拉斐尔时代以前古典的姿势和优美的绘画成分已经被学院派腐化，因此取名为"拉斐尔前派"，以此反对学院派的陈规。其作品写实，注重细节，描绘细致，画风审慎，用色清新而强烈，形象朴实而生动，追求感情真挚，将浪漫诗意融入绘画。

拉斐尔前派存世短暂，但对19世纪英国绘画史及美术方向带来了巨大影响，影响到后来的唯美主义、象征主义、维也纳分离派、新艺术运动和工艺美术运动等。

《星夜之幻》正是受拉斐尔前派影响的探索之作。一轮圆月悬浮于浩瀚太空，蓝色、咖色水珠由水珠技法制作，迷幻水珠衬托丰腴人体，意象清奇，画面唯美。

◆ 星夜之幻

易阳1999年作

明式家具是中国古典家具的巅峰，也是明代文化的代表。《大明风度》选取了明代四出头官帽椅，这是最典型的明式家具。

站立在官帽椅旁的美人，右手扶椅，左手持团扇，团扇红色晕染半透明效果，细致入微，隐约可见薄绢后的红木扶手。

画面装饰纹体现明代特色，相互呼应，总体构图为明代瓷器束腰罐，与明代四出头官帽椅相呼应；画面背景卷云纹与旗袍凤凰纹相呼应；椅背祥云纹与椅下祥云纹、水珠纹相呼应；官帽椅与女子站姿相呼应……

瓷器和家具是时代风尚的载体，束腰罐、官帽椅都是明代文化的典范。

卷云纹先秦已盛行，至明代仍是视觉语言中最具代表性的装饰纹样之一。易阳通过粗细、疏密、虚实手法，用自己的艺术语言将其变化，大刀阔斧塑造铺天盖地的卷云纹，构成深厚传统文化积淀的大明风度宏阔背景。

明代四出头官帽椅搭脑与扶手造型活泼自然，线条生机勃勃，直线为椅子塑形，曲线为其勾魂，侧面造型S曲线与佳人亭亭玉立的S形曲线呼应，相得益彰。凹凸有致的曲线走势，凸显审美思维对动态美、阴柔美、情境美的追求。

◆ 大明风度

易阳2008年作

整体画面以官帽椅和仕女为视觉中轴，活泼之中不乏严谨，流畅自然而又不失稳重，完美表现了大明风度从容闲适的儒雅气质和空灵韵致。

《大明风度》是为2008年北京奥运会创作的藏书票。当时易阳创作了两张奥运作品，一张版画，一张藏书票，版画为蓝色，藏书票为红色（采用印钞红）。《大明风度》藏书票入选当年世界藏书票展。

杨柳青年画中有一幅《金鱼满堂》，绘一少妇和丫鬟带两个娃娃观鱼。观的是金鱼，谐音取意金玉满堂。《观鱼》与《金鱼满堂》都是观赏金鱼，但《观鱼》是一张纯艺术作品，不是民间年画，也不是民俗绘画，却有异曲同工之妙。

民国装束的佳人坐在青花瓷凳上，左手持折扇，右手扶膝，倾身向荷叶莲纹石缸中看去。石缸里游弋两尾水泡眼金鱼，双头相对，亲昵嬉戏。水珠技法制作的水泡在鱼缸中升腾，弥散画面。

整幅画面都是蓝色，蓝色是青花瓷的色调。构图犹如青花瓷将军罐，荷叶莲纹石缸颜色亦如青花瓷鱼缸，圆凳也是青花瓷。

最美莫过青花瓷。观鱼佳人姿势优雅，仪态万方，含蓄内敛，恰如青翠欲滴、清雅素净的青花瓷。

◆ 观鱼

易阳2009年作

坐在阳台上的少女，静下心来，手持画笔，觅景秋色。

秋色无觅处，欲画不得，欲罢不能。唯有飘升的水珠，载不动纷纷思绪，或相思的泡影。

可爱的小狗，不识愁滋味，眼巴巴望着主人，摇头晃尾，龇牙咧嘴。

最是那一回头的诧异，清澈的眼眸，凝定为秋天的回忆。

《清水芙蓉》中没有芙蓉，在清水中，少女开成了一朵花。

只有莲蓬，莲蓬老矣，莲子饱满。

一只红蜻蜓，闻香识花，围绕少女的手指飞来飞去。

象征、隐喻、超现实，或什么都没有，只要有趣。

红蜻蜓或许最终知道，不需要有芙蓉，只需要水中的流波逸韵。

◆ 秋凝   ◆ 清水芙蓉

易阳2005年作   易阳2004年作

静谧暗夜，只听到键盘敲击声。

夜色如水，敲电脑的少女沉静如水。飘逸的黑色头发，流淌的瀑布，衬托梦幻般如玉容颜。小猫也被电脑屏幕吸引，黑暗中的绿眼睛散发出宝石般的光影。网上的世界很有趣，猫也变得柔顺安静，沉溺入迷。端坐的少女头上戴一顶帽子，开放的花儿，将静夜照亮。

绿色的使者——美丽的少女手持鲜花和绿色植物，大大的眼睛充满对绿色世界的渴望和对美好生活之向往。4只鸽子绕少女飞翔，口衔橄榄枝。鸽子和橄榄枝是和平的象征。《绿的召唤》获全国第九届藏书票展唯一金奖，谈到人物形象的创作，易阳写道："有展示我国政府及中国出版协会藏书票艺术委员会对当今环境保护重视关注的意思，又有人民热爱和平、向往美好生活的象征涵义。"

这张藏书票的灵感源于胎记和文身艺术，少女身上的胎记含义深远，有海峡两岸同宗同源、炎黄子孙一家亲的意思，呼唤两岸统一，主题鲜明积极。

易阳是铜版画技法高手，但他不是为了炫技去创作，而是注重藏书票的文化内涵。他对笔者说："藏书票不只是小版画，不是单纯技法，藏书票有意境的升华，有文化含义，有文学，有佳话。"

◆ **网趣图**　　　　　　◆ **绿的召唤**

易阳2005年作　　　　　　易阳2001年作

张家瑞：古意幽然

　　对美的表现，尤其是对古典美的表现，是张家瑞藏书票艺术的一个鲜明特色，这一特色往往是通过对古典女子的描绘来体现的。

　　《长乐居主人曾读》《刘广堂之书》《见代书票》《家瑞书票》《长乐居》，这组藏书票都是表现古典读书女子的，她们或于树下手捧古籍亭亭玉立，或手持古籍凭栏赏石观竹，或独坐芭蕉树下捧读，或莲池书房烛光夜读，或斜倚亭台持书赏菊……每一个古典女子都面容姣好，张家瑞用传神的刀笔，刻画出她们端庄而又怡然自得的神态，表现出腹有诗书气自华的雍容气质。

　　"红袖添香夜读书"是古代文人追求的美好境界。然而，这组藏书票没有落入这一窠臼，而是直接表现古代女子的读书生活，她们因读书而充实，因读书而美丽。

　　美人令人心仪，美景使人神往，梅兰竹菊、荷花、芭蕉、奇石，这些都是在中国传统文化中富有象征意义的景观。将美女置于这些美景中，以景物之雅致，烘托读书美人之高洁，是这组藏书票的又一特色。加上古典窗框、亭台楼阁、黑瓦勾檐，衬托出深厚的古典文化底蕴，使这套藏书票情景交融。

◆ 长乐居主人曾读　　　　　　◆ 刘广堂之书

张家瑞 1998年作　　　　　　张家瑞 2003年作

◆ 见代书票　　　　　　　　　◆ 家瑞书票

张家瑞 2003年作　　　　　　　张家瑞 2003年作

◆ 长乐居

张家瑞 2003年作

这是一组采取古籍版画形式构图的藏书票，取材于古籍中的木版画或古典名著插图，每一张都按古籍页面设计，细腻的线条，淡淡的底色，将古典女子的风情刻画得风格清丽，古意幽然。

◆ **美人图**

张家瑞2005年作

◆ 李清照诗意

张家瑞 2005年作

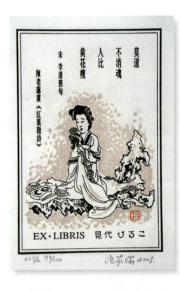

◆ 《娇红记》插图

张家瑞 2005年作

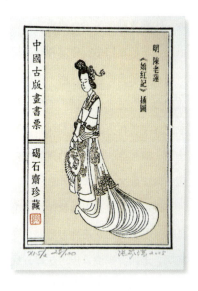

陈雅丹：优雅的力量

　　欣赏这张藏书票，你完全想不到创作这幅画时画家已是70高龄。画中刻画了一位长发飘飘、伸展双臂逆风而行的窈窕女子，给人一种扑面而来的青春气息。这张藏书票以洒脱的制作手法、飞扬的灵气、充盈的书卷气息，表现了画家纯真、空灵、大巧若拙的艺术风格。行家评价陈雅丹的绘画是"一个成熟孩子的艺术，一个天真大人的绘画"。率真是气质，文雅是品位。陈雅丹说："在不同的书籍的不同窗口中，你能看到不同藏书家的禀性和一道又一道不同的美丽风景，而不变的，是蕴含其中的一颗爱书人的心。"艺术评论家周韶华评价陈雅丹："她的艺术追求充满了青年人的一种朝气和活力，画中充满了对生命的追求，对生命的渴望，这是最宝贵的东西。"《丹爱书》藏书票正是这一评价的印证。

　　她的老师黄永玉称赞她："个子最小，走得最远。"《丹爱书》画的就是她自己啊！陈雅丹从艺术出发，走向南极，走向罗布泊，走向珠峰，犹如自由的精灵，舞动的天使，走向了无限辽阔的大海和蓝天。

◆ 丹爱书

陈雅丹2012年作

1991年，她精神饱满地向世界屋脊西藏进发……

1997年，陈雅丹又到被称为"生命禁区"的新疆罗布泊写生，毅然穿越罗布泊无人区，成为有史以来第一位纵穿罗布泊的画家，《人民日报》连载了她的考察日记。

艺术也是一种探险。

《雅丹书票》是陈雅丹2012年创作的表现女子的藏书票，画面上大大的眼睛，忧郁的色调，略显沉重。沉重是陈雅丹的思想本质，她忧虑环境，发起"蓝丝带"保卫蓝天活动；她遇见不平事，总是义正词严。而作为艺术家，她有自由奔放的天性，有对美好事物始终不渝的追求，她画中的女子多是轻盈飘逸的，是阳光明媚的，是美的象征。或许，因为沉重，迸发了她更优雅的力量。

◆ **雅丹书票**

陈雅丹2012年作

邵黎阳：飒爽英姿

黄浦江边，载歌载舞，两位女子高高跳起，手举小旗，在空中交会。

江边的观众看着她们的舞蹈，兴奋不已，有的拍照，有的欢呼雀跃。

滔滔黄浦江上游轮驶过，江对面是陆家嘴金融区拔地而起的高楼，还有地标建筑东方明珠电视塔，一派欣欣向荣景象。

这是邵黎阳2018年为庆祝改革开放40周年创作的一张纪念藏书票。构图层次分明，两位跳跃舞者空中高大身姿以特写表现，下面的观众为远景，因此人物较小，符合透视原理。

一片荒郊变成繁华的现代大都市，上海陆家嘴案例是中国改革开放40周年取得伟大成就的最好证明。

黑白木刻刀法细腻，斜刀与横刀交错对应。黄浦江密集横线刻画江水起伏，上部密集斜刀表现白云蓝天的高远，衬托舞蹈女子的矫健动感，画面富有视觉冲击力，值得细细品味。

◆ 庆祝改革开放40周年纪念藏书票

邵黎阳2018年作

女射手巾帼不让须眉，张弓搭箭，以后羿射日的气概，射向天上。

邵黎阳以娴熟刀法，刻画出女射手俊俏的面容、健美的身姿，一字马的姿势射箭更具难度，也更显飒爽英姿。脸上涂染淡淡红晕，坚定、冷静、英武的表情尤其传神。

背景是上海陆家嘴现代化大都市的风貌。2018年，上海陆家嘴举办射箭世界杯赛，邵黎阳专门为该赛创作了系列藏书票，这是其中一张。

◆ **女射手**

邵黎阳2018年作

许英武：黑白木刻的新疆女性

票主陈虹是无锡的藏书票收藏家，也是一位藏书票作者。

《陈虹藏书》藏书票以长长的竖画幅，刻画一位用富有新疆特色的织机纺织的维吾尔族姑娘。头巾、披肩长发、蓝色印花布长裙、姣好的面容、纤巧的手……这张藏书票的画面十分切合票主身份，埋头织布的女子，似也是票主多年如一日坚持收藏、勤奋创作藏书票的生动写照。

此票是许英武根据在和田的写生而作，反映维吾尔族姑娘用纺织机织出著名的"艾德莱斯"绸。

◆ 陈虹藏书　　　　　　　◆ 吉川藏书

许英武2010年作　　　　　　许英武2000年作

许英武创作的藏书票全部是黑白木刻，我们未曾看到一张彩色藏书票，也没有看到他木刻以外的藏书票。并非许英武不会使用色彩，恰恰相反，他是水彩画高手，作为新疆美术家协会水彩与粉画艺术委员会主任，他对色彩运用自如。为何藏书票只用黑白木刻呢？许英武说鲁迅认为版画以黑白为正宗，学习版画就是要感悟黑与白的意境。黑与白两个极端的颜色放在一起很有魅力。

黑与白是世界上最基本的两种颜色，也是最朴素的两种颜色。许英武用这两种最朴素的颜色，加上最朴素的技巧，不加修饰地表现朴素的生活，为我们呈现出了原汁原味、具有浓郁地域风情的新疆各少数民族的生活。这几张表现新疆少数民族女性的藏书票，均采用黑白木刻的手法，表现出了他黑白藏书票的特色和魅力。

◆ 纺织

许英武1998年作

杨忠义：淳朴的少数民族女性

杨忠义对少数民族女子情有独钟，他眼中的藏族少女美丽而淳朴。微启的朱唇，红红的脸蛋，明亮的眼睛，一个栩栩如生的藏族少女打量着我们，如此深情，又如此深邃。

杨忠义精细的刀法常常令人叹为观止，如《藏族学童》毡帽上的花纹和毡毛刻画得一丝不苟，精致至极。

他创作的女性题材藏书票刀法细腻，色彩艳而不俗，风格端庄雅致，有极高的审美价值和观赏性。

在日本展出时，杨忠义的版画新作受到日本各界观众高度评价。日本著名艺术评论家尾崎文惠女士盛赞他的新型版画"是对国际版画品种的创新和可贵的贡献"。

杨忠义的"版画新品种"是什么呢？据介绍，他不是用木板创作，也不是用铜板，而是采用一种塑料板。在塑料板上刻版画藏书票，和侯秀婷在地板胶上刻版画藏书票一样，都属于创新采用新材料，有殊途同归之妙，而杨忠义用小小刻刀在塑料板上纵横驰骋，将藏书票线条之精细刻画到了极致。

◆ 柯尔克孜族姑娘

杨忠义1995年作

◆ 花丛中

◆ 苗家女

杨忠义2002年作

杨忠义2003年作

◆ **盛装的藏族女子**　　　　　　◆ **阿里藏族女子**

杨忠义2001年作　　　　　　　杨忠义1998年作

◆ 祥云　　　　　　　　　◆ 青海藏族小姑娘

杨忠义2001年作　　　　　杨忠义2000年作

 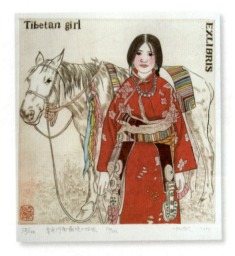

◆ **小卓玛**　　　　　　　　◆ **盛装女孩**

杨忠义2000年作　　　　　杨忠义2001年作

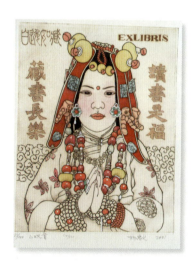

◆ **彝族少女**　　　　　　　◆ **祖国的花朵**

杨忠义1997年作　　　　　　杨忠义2001年作

◆ **藏族学生**

杨忠义2002年作

邵明江：凌厉奔放

这两张表现女子肖像的藏书票，将女子的性格、表情刻画得栩栩如生，跃然纸上。两张藏书票采用不同的创作手法和刀法。

短发女子主要采用三角刀刻画，通常表现人物都要采用多种刀法，显示出错落参差的变化，邵明江有意反其道而行之，表现人物的面容、头发乃至背景全部采用同一种刀法，以密密麻麻的三角点，造成一种扑朔迷离、光影漫漶的朦胧美。

另一张大眼睛女子的藏书票，则清晰刻画出女子的明媚之美。与短发女子的刀法不同，这张的刀味体现在对围巾繁复线条的刻画上。

这两张女子肖像藏书票的刀法都有一个共同点，就是追求繁复密集，但在表现手法上又是截然不同的，体现了邵明江对刀法的多方面尝试和对技法的不懈探索。

这两张藏书票创作于1989年，当时邵明江在中央美术学院就读，这座美术界的最高学府点燃了邵明江的创作热情，这一年他创作了一批优秀藏书票，堪称其藏书票创作的一个小高潮。

票下的红印"完达山人"是邵明江的艺名。完达山是黑龙江的一座山，是牡丹江流经的地方，也是邵明江曾经工作和生活的地方，至今他的微信名仍是"完达山

◆ 完达山人藏书票（一）　　◆ 完达山人藏书票（二）

邵明江1989年作　　　　　　邵明江1989年作

人"，可见完达山对邵明江的影响，也可见他对第二故
乡的深厚感情。

早期邵明江的藏书票和其他藏书票艺术大师的作
品一样，都是以写实表现诗意，山水追求明山秀水，风
景追求诗情画意，动物追求栩栩如生，人物追求形神兼
备。但从这套"木版基金会"藏书票开始，邵明江的艺
术世界似乎豁然开朗，不再是小视觉、小特写，而是
恢宏大度的跨洋风云，是海阔天空的肆意纵横，是现实
与超现实的飞跃，是诗意与神话的碰撞，是多向度剖面
与多元意蕴的交融，凌厉奔放的刀法，不再是纯粹的炫
技，而是犀利的思想闪电，照亮和启迪观赏者的感悟。

◆ **木版基金会藏**　　　　　◆ **木版基金会**

邵明江2003年作　　　　　邵明江2005年作

李鹏任职汕尾市文联，是邵明江的一位文友和同事，多才多艺，写得一手好书法。邵明江为她创作了这两张《李鹏藏书》藏书票。

这两张藏书票都以女子为题材，画中的女子如花绽放，犹如敦煌壁画中的仙女。

◆ 李鹏藏书（一）　　　　　　◆ 李鹏藏书（二）

邵明江2002年作　　　　　　邵明江2005年作

《浇花》是邵明江早期创作的一张藏书票，也是中国改革开放后较早的一批藏书票精品之一。在小小的篇幅里，容纳有鲜花、蝴蝶和浇花女，内容繁复而不觉拥挤，浇花女欣欣然的神态跃然纸上。

浇花不仅含有洒向人间都是爱的寓意，还使人联想到知识的甘霖滋润着茁壮开放的祖国花朵。作为教师的邵明江，浇花育人，创作这枚书票的主旨不言自明。

2005年，邵明江在报纸上看到一篇关于贾平凹作品的评论，触发了他的灵感。根据这篇评论中的文字，他发挥想象力，凭着他对贾平凹作品中题材和意象的理解，创作了这张《平凹藏书》。

画面上有风尘仆仆的骏马，有和平鸽，有美丽的女子，有远山云霓……打开的书中，是一尊佛像。虽然邵明江是根据贾平凹作品创作，但画面上全是邵明江对生命和世界的认识和感悟，构成了他自己独特的艺术世界。

这张藏书票保持了邵明江的精致风格，线条纤细，女子的柔美妩媚、马儿的俊朗刚强都刻画得栩栩如生，尤其是地面上的滚滚烟尘、天空中的漫漫云彩，以柔和的线条，表现得非常细腻而富有动感。

◆ 浇花　　　　　　　◆ 平凹藏书

邵明江1986年作　　　　　邵明江2005年作

丁金胜：极简肖像

　　这组女子头像藏书票共5张，采用传统木刻水印技法，为两色或三色套印，色彩单纯明快。构图别出心裁，线条和色块都是做减法，能简则简，极尽简洁，往往只是勾勒人物轮廓，五官点到即止。有的以超现实手法处理，如将人物五官置于一段树干上，呈童话效果；有的为双面脸谱，耐人寻味。

　　这是丁金胜早期创作的一组女性人物头像作品，富有探索意味。

◆ **女子头像（一）**　　　　◆ **女子头像（二）**

丁金胜1997年作　　　　　　丁金胜1997年作

◆ 女子头像（三）　　　　◆ 女子头像（四）

丁金胜1997年作　　　　　　　丁金胜1997年作

◆ 女子头像（五）

丁金胜1997年作

朱健翔：观念艺术的张力

"JXCS"表示健翔藏书。这张古典戏剧演员与现代女性同构一图的藏书票，表现了身着戏服的带妆演员和女子模特的对应形象。作者采取多种刀法，精细地刻画出了戏剧演员繁复的戏服和头饰、俏丽的面容及流转的眼波。女子模特的形象则主要采取或纵或横或斜的波纹线，刻画出女性之美。

采取波纹长线表现人物，或许并非朱健翔的专利，但如此娴熟地运用波纹线刻画人物，已成为朱健翔木刻艺术的一个鲜明特色。每个人物都只采用同一方向的线条，很多线条从上到下或从左到右连续不断，一线到头；通过线条的粗细变化，表现女子肌理的凸凹，呈现骨感的明暗，乃至刻画出人物的五官和表情，仍然形神兼备，栩栩如生，神奇的技法达到了神奇的效果。

这组作品东方和西方交会，古典和现代交融，保守与开放碰撞，坦诚与含蓄共存，纯真与繁缛映衬，简单与丰富对应，张扬与内敛铺陈，矛盾中对立统一。

朱健翔2010年作

这张藏书票中，女子手持天文望远镜望向浩渺星空，夜空中繁星闪烁，表现了天文爱好者对宇宙的好奇探究。

构图上，作者采用两个相对的弧形板块，上小下大，上面以横线粗细浓淡表现天空中的悠悠白云，下面以大小不一的密集阴刻圆点表现满天繁星，缀以大小不等的十字表现星光灿烂。观星人居于画面下部正中，浩浩天体茫茫星空，映衬出人之渺小。

这张藏书票令人思接千载，心思广宇。星星都只有一个微尘般的小点，地球在宇宙中也不过是一粒微尘，小画面蕴藏博大气象，是笔者鉴赏这张藏书票的感受。

这张藏书票的票主是朱健翔的好友、著名作家田耳。这是朱健翔为田耳的小说《天体悬浮》所作的藏书票。

如此，就可以理解构图为何采取两个分离的弧形板块，这张藏书票切合票主作品主题，巧妙地表现出了天体的"悬浮"感。

田耳是朱健翔的老乡，曾获第四届鲁迅文学奖、人民文学奖，其长篇小说《天体悬浮》获第12届华语文学传媒大奖"年度小说家"奖。

《天体悬浮》中，"观星"这一事件贯穿始终，望远镜是小说中的重要道具。朱健翔根据小说中观望夜空的描写创作了这张藏书票。

◆ 田耳·藏书

朱健翔2016年作

曹芳：女性的秘密花园

　　曹芳用她的女性系列藏书票作品，营造了一个女性的秘密花园，或许可以一下子找到走进花园的门，但却难以找到进入花园的那条隐秘的通道。寻找是鉴赏的起点，曹芳的这些藏书票总是能轻易牵引读者的目光，走进女性心灵和情感的幽深处。

　　《曹芳藏书》是一张洋溢着青春气息的藏书票，年轻的女子抬头仰望，大大的眼睛明亮坦荡，纯真无邪，充满好奇和探究。女子似乎在天空飘游，又似乎乘坐橡皮船在水上漂浮，有一种梦幻般的意境。

　　她有天使般的脸蛋，仔细看，她的背上还有一双小翅膀，事实上她就是在天上飞的天使。然而，她的装扮又是现代女子模样，这是作者眼中的天使。

　　曹芳的藏书票有鲜明的艺术个性，表现手法多样，木刻技法纯熟。然而，她不是以技法取胜，而是以全新的艺术观念取胜，以作品的创意取胜，而我们又很难把握她的寓意，在似是而非中，呈现无限的艺术张力。艺术风格上，曹芳的艺术是感性的、敏感的，有一种浪漫的诗意，但诗意和浪漫只是情调，只是形式，不是她的终极追求，她追求的是有意味的形式，是多元的视角和更深刻的思考。飘忽的灵感、隐藏在画面背后的捉摸不透的意蕴、意外之象、神来之笔，构成了她的艺术的无限可能。

◆ **曹芳藏书**

曹芳2011年作

赵方军：明亮的黑眼睛

　　电脑藏书票创作是赵方军世纪之交时的一种新尝试和新探索，《方军读书》的原图仍忠实于木刻效果，通过电脑的处理，别有一番技法上的趣味。女子似在水中飘舞的长发，大大的眼睛，尤其是眼白光波的变化，令人印象深刻。

　　赵方军创作的这张《方军藏书》藏书票中，三面女子肖像显然受到非洲木雕艺术的影响，突出人物的嘴唇和眼睛，夸张而传神。通常单色木刻都是黑白色，作者并没有采取这一通常用色，而是使用深红色，更贴近非洲木雕的本色。

◆ **方军读书**　　　　　　　　　　◆ **方军藏书**

赵方军2000年作　　　　　　　赵方军2000年作

刘晓东：力之美

藏书票题材广泛，但以体育运动作为题材的作品较少。刘晓东对体育题材藏书票情有独钟，创作了多套作品，仅笔者收藏的"奥运女子"系列就有5张，每张刻画一位运动女子，背景嵌有五环标志。

五环图案由奥林匹克运动会的创始人和主席、"现代奥林匹克之父"皮埃尔·德·顾拜旦于1913年构思设计。《奥林匹克宪章》确定其为奥林匹克运动会的会徽，简称奥运五环标志。

五环象征五大洲，正式的奥运五环标志分别有五种色彩：黄色代表亚洲，黑色代表非洲，蓝色代表欧洲，红色代表美洲，绿色代表大洋洲。圆环从左到右互相套接，上面是蓝、黑、红环，下面是黄、绿环。

◆ 奥运女子·体操   ◆ 奥运女子·竞走

刘晓东2008年作   刘晓东2008年作

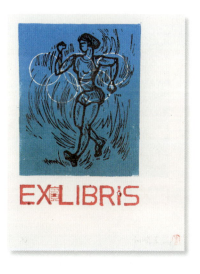

◆ 奥运女子·标枪　　　◆ 奥运女子·垒球

刘晓东2008年作　　　　　　刘晓东2008年作

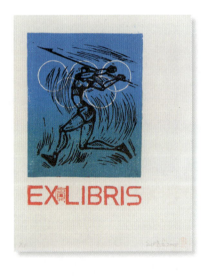

◆ 奥运女子·网球

刘晓东2008年作

笔者收藏的"运动"系列有6张，其中女子运动占多数，每张刻画一个女子正在进行一项体育运动，如铅球、乒乓球等。

这些体育题材藏书票多采用淡蓝色为底色，渐变的蓝色衬托女运动员矫健的身姿，更显健美。刘晓东力图用简洁的构图，使藏书票简约中表现丰富的内涵。制作中采用粗黑线条勾勒出运动员动感十足的外形，用排刀阳刻的刀法，紧紧抓住运动员转瞬即逝的刹那间动作，塑造运动员黝黑的皮肤、健硕的体魄、发达的肌肉，每一刀、每根线条都力图完美地刻在结构和动感形态上。

在艺术处理上，有两个特点形成刘晓东女子体育藏书票的鲜明风格：一是人物关节处特别细，由此突出了肌肉的健硕；二是运动女子身边刻有很多细细的弧线，犹如环绕女子的气旋，表现女子动如脱兔的速度感，观赏者从中似乎听到了飒飒风声。

这组藏书票给人以阳光美、力之美、柔中带刚之美，在色彩的映衬下系列配以藏书票标志"EXLIBRIS"字样，使这些女子体育系列藏书票别具风采。

◆ 运动女子·铅球　　　　　　◆ 运动女子·乒乓球

刘晓东2008年作　　　　　　　刘晓东2008年作

　　这张黑白木刻藏书票刻画一个青春少女，浓眉大眼，嘴角微翘，将女子充满阳光、自信自强、积极进取的精神面貌刻画得栩栩如生，仿佛成为一个时代的雕像。

　　背景较为抽象，但抽象中有具象，可见鸿雁、火箭等代表理想信念和祖国崛起的标志物。线条繁密的背景，衬托朝气蓬勃的青春少女，使人感到祖国日新月异、生机勃勃，正在走向繁荣昌盛。

◆ 祖国·青春

刘晓东作

徐静：激情与童真

　　徐静的女性题材藏书票在给人如音乐旋律般激情澎湃印象的基础上，表现了女性的美妙。她们青春勃发的外形，仿佛储存着强烈的激情。这种激情不是以荒诞变形表现出来的，而是以大胆写实的笔触诚实表现。这种诚实中还有几分童真，几分童趣，带有星月和乐符的装饰图案，强化了这种激情和童心，充满了热烈奔放的情感。

◆ **中会藏书**

徐静1999年作

刘继德：以黑衬白

　　两张女性题材的黑白木刻藏书票都采用阴刻技法，大块黑色作为底色，人物形象更加鲜明突出。

◆ 一心斋珍藏书票　　　　　　◆ 雪花女子

刘继德1997年作　　　　　　刘继德2000年作

吴广君：营造朦胧氛围

吴广君的两枚木版三套色的女子读书图，分别创作于1995年和1998年，但这两幅作品和他的女性人体藏书票一样，在取材、构图、技法和风格上具有明显的延续性，表现了当代女性如饥似渴勤奋读书的情景。

吴广君善于用黑白两种单纯色，营造朦胧、神秘的氛围，展现出女性曲线的丰腴之美。在他创作的三套色女性藏书票中，绿色的"EX·LIBRIS"依人体曲线而波动，与红色的"广君藏书"形成对称和色彩的均衡；幽静的冷色与火焰般热烈的暖色，代表了女性的理性和感性兼具；我们感受到的是外在美妙形式中内在的心灵激情，在矛盾冲突中表现出的动静和谐。

◆ *广君藏书（一）*　　　　　◆ *广君藏书（二）*

吴广君1998年作　　　　　吴广君1998年作

王昆：独特的星座女子

十二星座和十二生肖异曲同工。西方占星学认为，黄道十二星座代表宇宙方位，一个人出生时，星体落在黄道上的位置，表明他的性格和天赋。王昆在2015年创作的"十二星座"系列藏书票，每张都以女性肖像表现一个星座，构图采取不规则的竖式随形图，突出女子大大的眼睛。

《十二星座·巨蟹座》画面中巨蟹座女子头上顶着带有硬壳的小螃蟹，是螃蟹横行的可爱模样。占星家认为，巨蟹座的星座符号像是两只对峙的小螃蟹，平衡着一个至日的起点，标志着夏日的到来。

藏书票上的女子外表冷漠，内心充满善意和温情，这正是巨蟹座的性格特点。巨蟹座象征坚强。

该作品获第五届全国青年藏书票暨小版画艺术展最佳藏书票作品奖、第四届广州国际藏书票暨小版画双年展藏书票优秀奖。

女子波浪纹卷发，象征水瓶座的水和波。水瓶座的符号象征水和空气的波，是高度知性的代表。王昆刻画了一个爱好自由和个人主义的叛逆女子，这是他认为的水瓶座的性格。

◆ 十二星座·巨蟹座　　　◆ 十二星座·水瓶座

王昆2015年作　　　　　　王昆2015年作

《十二星座·水瓶座》获第十六届全国藏书票暨小版画艺术展藏书票优秀奖。

《十二星座·射手座》画面中，女子头顶一把弓，中间有一支箭，这正是射手座的符号。射手的原型是拿弓箭的人马，下半身的马象征追求自由，上半身的人象征知识和智慧，手中的箭表示射手具有攻击性。女子脸上充满坦诚，这正是射手座的特点。

该作品获第二届全国美术教师版画作品展优秀作品奖、第三十六届俄罗斯国际藏书票双年展入选奖。

《十二星座·金牛座》画面中，女子头上有一对牛角，这是想象中的金牛座形象。女子脸上既有固执的一面，又从容淡定，这正是金牛座的特点。金牛座象征力量。

"十二星座"系列藏书票获第二届全国美术教师版画作品展优秀作品奖、第三十六届俄罗斯国际藏书票双年展入选奖。

◆ 十二星座·射手座　　　◆ 十二星座·金牛座

王昆2015年作　　　　　　　王昆2015年作

这张藏书票票名为"赏花"，刻画一花季女子与一瓶插花，赏花女子貌美如花，鲜花和美女交相辉映，不知道花比人美，还是人比花美。《赏花》获第三届全国青年藏书票暨小版画艺术展最佳藏书票作品奖。近十年来，王昆在藏书票界几乎成为"获奖专业户"，2022年应邀为本丛书创作的《"书中蝴蝶——中国当代藏书票"丛书出版纪念》藏书票，当年入选第五届国际藏书票大展并获得荣誉奖。

《归来》创作于2014年，该作构思奇妙，融会古今，传统与现代元素交会，画面突出的焦点是一个戴耳环的时尚少女，一双清澈的眼睛仿佛穿越时空，打量着这个纷繁的世界。少女置身两扇大门之间，两边门神若隐若现。画面看似简单，蕴含丰富，给人留下了无尽的遐想。可以确定的是，大眼睛少女是唯美的，如果绚丽归于平淡，丰富归于单纯，那么最简单的想象是美的归来。

《归来》2014年获第三届广州国际藏书票暨小版画双年展优秀藏书票奖，并获第四届全国青年藏书票暨小版画艺术展最佳藏书票作品奖。

◆ 赏花　　　　　　　　　　　◆ 归来

王昆2013年作　　　　　　　　王昆2014年作

冀荣德：花季少女

《荣德藏书》《柘柘的书（一）》《柘柘的书（二）》
表现的都是花季少女，或手持鲜花赏花，人如花美；或手持
书籍；或埋首阅读，腹有诗书气自华。明亮的色彩，映衬无
瑕的青春。

3张藏书票的表现手法颇具特色，作者借鉴了布贴和
纸贴艺术，以色块构图，绿色的大色块犹如欣欣然生长
的绿色植物，散发着春天的气息。票主的标识"荣德藏
书""柘柘的书"打破了整个大色块的呆板，安排得恰
到好处。人物形象以大小不等的独立色块拼接，非常简
洁，而又十分传神。蓝色等小色块的点缀，使画面变得
均衡、和谐而悦目。

◆ 荣德藏书　　◆ 柘柘的书（一）　　◆ 柘柘的书（二）

冀荣德2002年作　　　　冀荣德1996年作　　　　冀荣德1996年作

王维德：飞天

《李玲书票》《天曦藏书》《文丽书票》《维德藏书》《王霖藏书》《玉秀藏书》是王维德在2003年创作的一组人物藏书票。取材飞天仕女，以飞天仕女为主图，以天地间的日月云霓为背景，以动植物为吉祥物，寓意吉利祥和。

其中鹿代表长寿和福禄双全，鹤也是代表长寿之物，桃代表仙桃捧寿和仙桃献寿，托盘中的水果代表福寿三多，莲花是佛教中的吉祥之物，天女散花亦是人们喜闻乐见的吉祥题材。

这套藏书票构图风格统一，底色运用协调淡雅，仕女形象纤细清秀，线条简洁，寥寥数笔，人物刻画得栩栩如生，飞禽和动物动感十足，霓裳飘带婉转飞扬，线条圆转自如。

王维德最擅长创作风景藏书票，风景题材较多，也很出彩，所以这套飞天人物题材的藏书票较为难得，在王维德藏书票作品中具有独特的艺术价值。

◆ 李玲书票　　　　　　　　　　　◆ 天曦藏书

王维德2003年作　　　　　　　　　王维德2003年作

◆ **文丽书票** ◆ **维德藏书**

王维德2003年作 王维德2003年作

◆ **王霖藏书**　　　　　　◆ **玉秀藏书**

王维德2003年作　　　　　王维德2003年作

《浩浩爱书》《王虹藏书》《王虹珍藏》3张表现少女的藏书票都有背景，或是绿树飞鸟，或是绿色大地、蓝色天空，作者将少女置于典型的环境中，更突出了少女的清新纯朴之美。

◆ **浩浩爱书**

王维德2001年作

◆ 王虹藏书

王维德2001年作

◆ 王虹珍书

王维德2001年作

熊琦：木雕神韵

熊琦创作的藏书票表现了少数民族女子的清新优雅，与自然融为一体，富有大自然的气息，在艺术表现上，明显受到非洲木雕艺术影响，得其神韵。

◆ 熊琦之书（一）　　　　　　　◆ 熊琦之书（二）

熊琦1997年作　　　　　　　　熊琦1997年作

◆ 熊琦的书

熊琦1997年作

◆ **熊琦藏书**

熊琦1993年作

范天行：自然之气

　　丰满、圆润、端庄、纯朴，一双星眸如远山含黛，传神和深情，《陈宏之书》藏书票刻画少数民族少女美丽而多情，绿色的底色表现了少女天成的自然之气。

◆ **陈宏之书**

范天行2000年作

　　范天行创作的云南少数民族女子系列藏书票，在构图上有两个特点：一是将她们置于劳动场景中，表现了劳动之美，画面洋溢着欢快的气息，风格明快而活泼，刚健和柔美统一于劳动画面中；二是几乎每张女性题材藏书票都要刻画背景，如《天行爱书》《天行之书》等将劳动中的女子置于远山近水中，女子与美景融为一体，自然而纯朴，诗意而抒情。

媚眼含羞丹唇笑：妙曼佳人

◆ 天行藏书   ◆ 天行书票

范天行2003年作   范天行2003年作

◆ **野炊**　　　　　　　　◆ **天行爱书**

范天行2003年作　　　　　　范天行2000年作

◆ 天行之书（一）　　　　　◆ 天行之书（二）

范天行2000年作　　　　　　范天行2005年作

张长利：浓郁民族风

云南藏书票艺术家张长利创作的女性题材藏书票系列，以简朴的构图和传统刀法，将云南西双版纳少数民族女子生活、劳作的动态，刻画得生动活泼，富有浓郁的民族风情。

◆ 长利藏书（一）

张长利1998年作

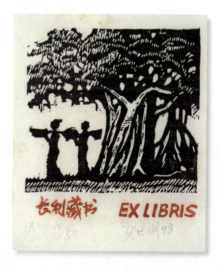

◆ 长利藏书（二）

张长利1999年作

◆ 长利藏书（三）　　　　　　◆ 长利藏书（四）

张长利1999年作　　　　　　张长利1999年作

张兆鑫：莲花女子

《禾呈之书》亦可名《莲蓬女子》，画中的女子是现代女性形象，眉眼间写满了情意，是思念？是冥想？是愁绪？是沉醉？画面下部的莲蓬如7个跳跃的音符，不绝如缕的音乐袅袅升起。一切都在音乐中升华、净化。莲子有爱怜之意，这枚书票意味深长。

在古典文化中，莲花代表一种禅意。张兆鑫眼中的佳人往往与莲花有关，带有莲花禅意。扇画中的莲花开了，或含苞待放；而少女也是一朵含苞待放的莲花，或舒展地开放着。

艺术中的女性人体常常表现出一种禅意，她端坐水中——或在水中开放。女人似水，不仅是柔情似水。水是大地之母，水孕育了大地，女人孕育了世界。

禅是端庄的，两条竖的橙红色切割线均衡地分割画面，突出了这种端庄。一切都显得平衡、对称、端正。

神奇的底色，对于蓝色它亮了一些，对于绿色它暗了一些，唯有在这种深沉的色彩中，我们才能感受到，在水深不知处的悠远处，禅意的深不可测。

《怀谷珍藏》是张兆鑫为美籍华人画家施怀谷制作的一张藏书票。施怀谷于1999年回国，在中国美术馆举办了《北美日记》画展。

◆ 禾呈之书　　　　　　　　◆ 怀谷珍藏

张兆鑫1999年作　　　　　　　张兆鑫1999年作

罗力：恐惧之美

与张兆鑫的莲花人体藏书票中端庄、安详、娴静的画面形成鲜明对照，罗力的这枚《幼泉藏书》凹版腐蚀版藏书票表现的是强烈的动感冲突，是美和恶两种势力不均衡对比中美的恐惧。

美妙的人体在这里不再是优雅的装饰，我们看到的她正在被惊涛骇浪吞噬。她在垂死挣扎中抓到的不是"救命稻草"，而是"死神"鳄鱼之口。她瞪大的眼睛和张大的口，以及她拼命挣扎的动作，都充满了惊恐。

生与死、善与恶、美与丑，都是人生和艺术永恒的主题。在西方古典美学家的观念中，恐惧往往加强了这种主题，恐惧也加强了美感。在雕塑《拉奥孔》中，我们可以看到恐惧中美的力量。

从古典美学回到当代现实，罗力的这枚藏书票有巨大的现实讽喻意义。在市场经济中，在竞争激烈的商业社会，无论是个体还是机构，首先都必须强大起来，才能不致被市场经济的大潮所吞噬、淘汰，不致被鳄鱼吃掉。在剧烈动荡、异常混乱的画面氛围中，我们丢失了什么？我们又获得了什么？

这不是一枚藏书票所能解答的问题，艺术只需要感觉。

善恶美丑在艺术中常常是相互强化、相互转换的。比如在歌德的《浮士德》中，靡菲斯特的形象不仅是魔

◆ **幼泉藏书**

罗力2000年作

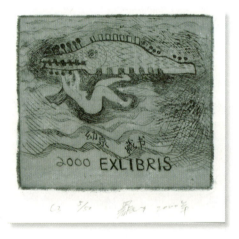

鬼的化身，还是"作恶造善力之一体"。

画面中的鳄鱼是凶恶的，还是温良的？在我们眼中，画面中的鳄鱼更像一条船。在惊心动魄的生死对抗中，这枚小小的藏书票留下了无限的悬念。

一本打开的好书，从它打开的那一刻起，就应该有一种震撼人心的力量，就应该有一个巨大的悬念。难道不是吗？

◆ 新年好

罗力2005年作

朱荫能：民俗风情

　　朱荫能的藏书票多为系列作品，通常是4幅一组，或更多幅组成一个系列。他创作这些系列藏书票之前，会先设计一个统一的形式，或谓格式，如《月下》《纺线》，先设计一个椭圆形的底色格式，再在椭圆形底色的圆框内勾画图案。

　　《月下》描绘两个农村女子在月光下的田垄上车水；《纺线》描绘一个女子在纺车旁纺线。从她们的服饰和头巾可以看出吴地女性的地域风情特征，两张藏书票表现了吴地女子的勤劳之美。

　　创作"回娘家"系列时，也是先框定一个格式。作者将中国传统绘画中的扇面画形式引入藏书票，与民俗风情融合，每张藏书票表现了一个时期回娘家的时代特征：从推着独轮车回娘家，到骑着小毛驴回娘家，到驾着小船回娘家，再到开着摩托车回娘家……

　　开摩托回娘家的画面底纹上，印有一个大大的"富"字，从而点题。通过回娘家交通工具的变化，形象地表现了中国人从贫穷走向富裕之路的进程。

◆ 月下   ◆ 纺线

朱荫能2003年作   朱荫能2003年作

◆ 回娘家（一）　　　　　◆ 回娘家（二）

朱荫能1996年作　　　　　　　朱荫能1996年作

◆ 回娘家（三）　　　　　　　　◆ 回娘家（四）

朱荫能1996年作　　　　　　　　朱荫能1996年作

张克勤：阳光、明媚

　　上海藏书票艺术家张克勤的女性题材藏书票多采用干刻凹版技法制作，画中的女子多为读书女子，脸上都带有微笑，明媚、阳光，洋溢着积极向上的精神。这与画家的精神状况有关。张克勤多年身患疾病，他与病魔顽强搏斗，始终保持对生活的热爱和激情。这种爱和激情投射到藏书票上，自然形成了乐观开朗的精神风貌。

◆ **张甫清读书**   ◆ **依嘉读书**

张克勤2017年作   张克勤2017年作

◆ **悦读又悦心**　　　　　　　　　◆ **妍和爱书**

张克勤2017年作　　　　　　　　　张克勤2016年作

◆ 先春藏书   ◆ 郑孝同藏书

张克勤作   张克勤作

◆ 景和藏书　　　　◆ 江婧亦藏书

张克勤2003年作　　　　张克勤2014年作

◆ 逸远楼藏书   ◆ 丹伲藏书

张克勤2014年作   张克勤2018年作

少女大大的眼睛，鲜红的樱唇，淡淡的飞扬的眉，清晰而迷离，多情而缱绻，充满梦幻色彩。手捧一朵红玫瑰，玫瑰枝仿佛从心间生长。玫瑰是爱情的象征，这是一张表现少女爱情的藏书票。纤纤十指和灵猫一样的脸型，刻画出了少女的纯真、清雅和梦幻。

张克勤创作了大量女子题材藏书票，窥一斑可知全豹，从《陆澄爱书》这张藏书票可见他的女子题材藏书票的艺术风格。

《幽默是最好的医生》是张克勤最新创作的一张外国题材的藏书票。手持水罐（或水瓶）的画中女子倒水，竟然倒到了画框外的另一个水罐中。谐趣的画面，配上美国作家彼得的一句格言"幽默是最好的医生"，使这张藏书票妙趣横生。

◆ 陆澄爱书　　　　　　　◆ 幽默是最好的医生

张克勤2015年作　　　　　　张克勤2017年作

黄务昌：素雅高洁之气

两张人体藏书票，一张正面，一张背面。极简的勾画，黑白之间，将女性妙曼的身姿、洁白的胴体表现得如雕塑般立体呈现。小小画面，散发着素雅高洁之气，令人想到版画大师力群的那张《裸女》藏书票。

黄务昌在藏书票创作中精益求精，多次拜访版画大师赵延年，受教于赵先生。这两张黑白木刻藏书票和《迟行藏书》《龚慧平藏书》一起，于2007年入选日本第17回新孔版画展，获得日本书票协会奖（海外）。

◆ 和平藏书（一）　　　　◆ 和平藏书（二）

黄务昌2005年作　　　　黄务昌2005年作

女人如水又如猫，如猫的女人是温驯的，温柔而敏感。如猫的女人有猫的灵性、猫的高贵；如猫的女人坦陈玉体，自由释放自我；如猫的女人在读书，书中自有颜如玉，腹有诗书气自华。如猫的女人有猫相伴，人读书，猫也读书。人猫亲密无间，时光在这一刻静止，书将我们带到遥远的地方，那是天人合一，那是仙境。

这张《陈子善藏书》是黄务昌2014年为陈子善所作，下面有陈子善的亲笔签名，表明了陈子善对书票的认可。陈子善，1948年12月生于上海，著名文学理论家，华东师范大学教授，中国现代文学资料与研究中心主任。

带翅膀的天使飘然飞升，双手伸展，手中丝带上写的是藏书票拉丁文。天使是圣洁的，藏书票是圣洁的，读书和知识带领我们飞升。

《迟行藏书》这张丝网版藏书票获日本书票协会奖。当然，获奖不是因为她是天使，也不是因为天使珍书，而是吴带当风曹衣出水的线条，还有翅膀下如菊花绽放的飘带。

◆ 陈子善藏书　　　　　　　　◆ 迟行藏书

黄务昌2014年作　　　　　　　黄务昌2004年作

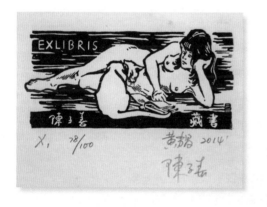

这张画绝不可浅尝辄止。厚厚的书层叠而上，每本书都有藏书票的拉丁文标志，而在书山的顶端有一只苹果。苹果在中西方文化中有不同的象征寓意，在中国吉祥文化中谐音取意平安，人们视苹果为幸福、圆满、陪伴、美好，红苹果象征爱情，黄苹果象征珍重祝福等。在西方文化中，苹果象征美貌，希腊神话中，象征最美女神的正是一个金苹果。

苹果还是智慧的象征。伊甸园的智慧果正是苹果，也是禁果，象征智慧，也象征诱惑。藏书票上的美丽女子凝视苹果，集智慧、知性、幸福、希望于一身，同时，理性与感性、诱惑与冲突对立，给这张藏书票带来多向度意味。

《龚慧平藏书》与黄务昌另3张藏书票同时获得日本书票协会奖。票主龚慧平是黄务昌的夫人。

《日本的书》藏书票画面中两边是黑色门，打开的门缝中，一位日本女子扶门探望。门上一边写"日本的书"，一边写"务昌所藏"，端正对称如一副对联。传神的是女子的眉眼神态，还有倚门而立的姿态。

◆ 龚慧平藏书　　　　　　　◆ 日本的书

黄务昌2004年作　　　　　　黄务昌2007年作

女孩趴着看书的样子很可爱。一只乌龟爬过来，也想看书，女孩的目光又被乌龟吸引。有趣，是艺术的另一重境界。

◆ 黄哲的书

黄务昌2005年作

侯秀婷：花样年华

拥有书，就拥有世界。

侯秀婷的"拥书的女子"系列两枚人体藏书票线条奔放、肯定，具象中有抽象，凝练概括。

◆ 拥书的女子（一）　　◆ 拥书的女子（二）

侯秀婷1998年作　　　　侯秀婷2000年作

　　乡野纯朴的女子，或都市浪漫的女子，都喜欢头上戴花。

　　花在手里，叶在手里，连头发都长成了树叶，连眉眼都长成了柳叶儿。

　　童心在花里，在手里，在睁着闭着的眼睛里。

　　侯秀婷的"邹竹子书屋"系列两张藏书票上，刻画的头上戴花的女子形象刀法细腻流畅，意象单纯而丰富，想象奇特。

◆ 邹竹子书屋之一　　　　◆ 邹竹子书屋之二

侯秀婷2000年作　　　　侯秀婷2000年作

◆ 王晓明珍书

侯秀婷1999年作

◆ 乔红书屋

侯秀婷1999年作

陈红：沉迷，而又俏皮

　　陈红创作的《读书女子》藏书票，刻画女子捧书沉醉其间，微微翘起的双脚尤为传神，既表现了女子的沉迷，又透出女子的俏皮。在艺术风格上，陈红善于营造出朦胧氛围。

　　陈红眼中的云南女子，温柔如水的平和外表下，有如火焰般的激情。她的《傣家妹子》《舞蹈女子》两枚藏书票线条柔中有刚，色彩艳而不俗，并善于用背景色营造出朦胧神秘的氛围。

◆ **读书女子**

陈红1998年作

◆ 傣家妹子

陈红1997年作

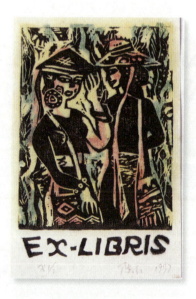

◆ **舞蹈女子**

陈红1998年作

钱良图：微型藏书票

　　钱良图创作的这张女子人体藏书票，图案只有一张
邮票大。有人说，这是中国最小的藏书票，人物构图和
造型独具创意。

◆ **良图藏书**

钱良图2000年作

王朝蓬：悠闲的烦恼

王朝蓬、王红夫妇既是同道又是同事，都是深圳新沙职业技术学校的美术教师。

悠闲也是一种烦恼，或是空虚的烦恼，空虚得只有小猫玩弄着赤足，自己则玩弄着手指。悠闲成了一种奢侈，眉宇间写满了闲愁。

都市女性深知：忙里偷闲才是闲。

◆ 王朝蓬王红藏书

王朝蓬作

李海勇：肌肉的变形

李海勇的电脑藏书票《人体》，通过肌肉的变形来表现人物，以健硕为美。

藏书票描绘了一个浴后女子在镜子前顾影自怜。画家采取夸张变形的手法，将女子的头部画得小小的，颈部画得长长的，身躯画得细细的，突出了女子的臀部，从而给人深刻印象。镜子里面的灰调处理别具匠心，朦朦胧胧的感觉，衬托出黑色人体的剪影效果，使画面更富有纵深感和层次感。

◆ 人体

李海勇2000年作

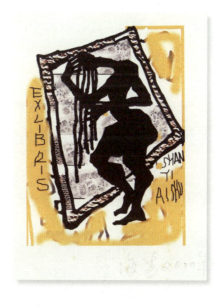

赵奎礼：母慈子欢

赵奎礼的孔版藏书票通过婴儿奔向母亲怀抱的姿态，表现了母慈子欢的动人情景，刀法刚中寓柔，不求形似，但求整体的写意。

◆ **奎礼藏书**

赵奎礼1998年作

吴家华：永恒的母爱

　　吴家华创作的《家华藏书》风格朴实，有浓郁的民族特色，正面表现了中国母亲初为人母的喜悦和慈爱，刀法圆熟，真情感人。

　　吴家华、德力格尔和赵奎礼的母与子人体藏书票，都表现了永恒的母爱，三者题材相同，风格迥异。

　　纺纱女一丝不苟地纺着纱，正是对郁田读书、创作、收藏生活的描绘。吴家华为藏书票收藏家郁田创作的《郁田藏书》，真实地表现了藏书票艺术家、活动家和收藏家郁田年复一年、日复一日，乐此不疲，一丝丝编织着绚丽似锦的藏书票艺术的情景。

◆ 家华藏书　　　　　　　　　　　　◆ 郁田藏书

吴家华1989年作　　　　　　　　　　吴家华作

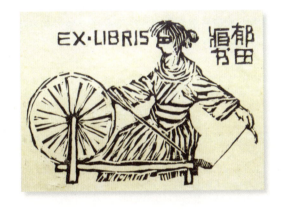

德力格尔：背影的勾勒

《小川珍藏》中德力格尔通过对母亲背影的勾勒，寥寥数笔线条，表现了女性优美的曲线，饰以具有民族风情的头饰，风格优雅而洗练。

德力格尔为内蒙古书票艺术家山丹创作的《山丹书票》，构图讲究，通过对劳作女子形体的描绘，表达出"劳动者是美丽的"这一意蕴。这正是山丹勤奋创作生活的真实写照。

◆ 小川珍藏   ◆ 山丹书票

德力格尔1994年作   德力格尔1998年作

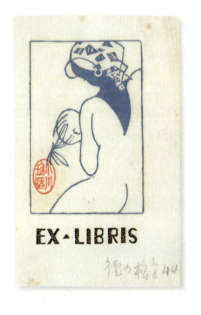

叶枝新：她在花中

　　《姑苏女》以江南水乡石桥和河流后的民居为背景，以特写的手法凸显身着蓝色印花布的姑苏女形象。这是一张上乘之作，令人联想到苏州桃花坞年画艺术家劳思、张晓飞表现姑苏女形象的系列经典年画。

　　《葆青斋藏书》和《枝新藏书（一）》是叶枝新创作的两张人体藏书票，表现了女人比花美的质朴的审美观。

　　叶枝新创作了很多有关新疆题材的藏书票，这几张以新疆女子形象为题材的藏书票，就是其中的代表作。

◆ **姑苏女**　　　　　　　　◆ **葆青斋藏书**

叶枝新2004年作　　　　　　　叶枝新2004年作

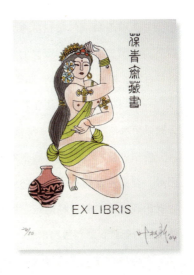

《枝新藏书（二）》入选第37届国际藏书票联盟大会双年展，且载入画册。

《陈虹藏书》亦名《草原牧歌》，是叶枝新为藏书票收藏家陈虹创作的。

多年前，叶枝新与西安美术学院的邢继有教授一起来到甘南藏族自治州桑科草原。当时正是农历六月初三前后，是藏族的节日，藏民们穿上最漂亮的衣服来参加各种活动，如骑马比赛等，非常热闹。

一幅幅美丽的风情画在叶枝新的眼前展开，他以此为题采用木刻技法创作了《陈虹藏书》藏书票。

创作过程中，叶枝新感到木刻技法在刻细部时比较困难，要是用丝网技法，细部可以表现得更好，可是不容易出现水印木刻那种韵味。因此，叶枝新尝试将两种技法结合起来：彩色版用木版，黑色版用丝网版。

这两种技法有不同之处：丝网版是正印，木版是反印，叶枝新采取在纸的两面都做标记线的办法，解决了这一难题。第一次使用这个办法除个别标记没有对好外，大部分都是成功的。

◆ 枝新藏书（一）   ◆ 枝新藏书（二）

叶枝新2004年作   叶枝新2014年作

　　《陈虹藏书》在2011年参加了上海陆家嘴"梅园杯"藏书票邀请展，获得好评，被收录到藏书票邀请展的作品集。2012年，作为14名中国藏书票艺术家代表之一，叶枝新参加了第34届芬兰国际藏书票大会的"东方之珠"木刻水印藏书票专题展览，其作品被收录到该展览的作品集中。在芬兰藏书票协会出版的2012年第2期藏书票报刊上，专题报道并选登了3张中国展出的藏书票，这张《陈虹藏书》藏书票被印在显著的位置。《陈虹藏书》还入选了俄罗斯第36届国际藏书票联盟大会双年展。

◆ **陈虹藏书**

叶枝新作

《甘南藏区女大学生》的原型，是作者在甘南藏族自治州采风时遇到的一个藏族女大学生。该作严格按照透视学原理构图，画面上的人物、羊群、佛塔、远山依次递进，近处的小草清晰可见，远处草原上草色如烟，尤其是羊群前大后小，透视感处理得层次分明。作者聚焦于画面的人物，突出了藏区女大学生富有民族风情的鲜艳服饰和姣好的青春容貌。

◆ 甘南藏区女大学生

叶枝新2013年作

甘畅：海风吹来

飘拂的海风从头上掠过，头发可感受到海风的味道。

一位身材苗条的女子坐在海边的躺椅上，一切都呈现出纯净的诗意——红色的焦阳、黄色的阳伞、蓝色的海水，远远的海面上浮着两条帆船。

青岛在海边，甘畅在青岛，这一定是她常见的熟悉的场景，但将其提炼成画面，则需诗意的提炼、艺术的升华。

甘畅有一种删繁就简的能力，而简洁就是一种艺术才华。

◆ **甘畅藏书**

甘畅1997年作

杨齐福：醇和的少数民族女性

杨齐福眼中的白族少女形体具有欧洲女性美的韵味，特别是意大利文艺复兴时期人体艺术的格调，也有五四新文化运动时期和民国时期的人体艺术风格。

《扬力珍藏》根据画面内容，亦可称《窗口少女》，表现一位眉眼含情的娇恬女子，伏在窗口等待着什么。手的姿势泄露了少女的心事，这是焦虑不安的甜蜜的等待。头巾上的红色像心灵的火焰，燃烧着。

这幅藏书票画中的少数民族少女，和杨齐福的其他少数民族妇女形象一样，都淳朴而传神。

杨齐福的少数民族女性形象藏书票色彩绚丽，刀法粗犷流利。《齐福书票》根据表现少数民族女性劳动场面的画面内容，亦可名《农家女和鸡》。手的活动带动腰肢和裙摆的动感，有国画的传神效果，小鸡和母鸡在闲适地觅食，栩栩如生，金黄色的底色表现了农家丰收的喜悦心情，画面和谐而生动。

◆ 扬力珍藏   ◆ 齐福书票

杨齐福1998年作   杨齐福1999年作

《齐福之书（一）》刻画了双女子形象。在一本打开的书中，一面是阴刻女子头部侧面，一面是阳刻女子头部侧面，双目对视，有一种平衡对称之美。

杨齐福的少数民族女性形象藏书票画面中，一般都有几个有代表性的特征和物品。在《齐福之书（二）》中，一个是大大的耳环，一个是有民族特色的头巾，还有一双美丽的大眼睛。

她们应该是他家乡的女子，否则他怎么能如此深情？在艺术中，真挚的情感比技法更为重要。

◆ 齐福之书（一）   ◆ 齐福之书（二）

杨齐福1996年作   杨齐福1998年作

◆ 扬力藏书（一）　　　◆ 扬力藏书（二）

杨齐福作　　　　　　　　杨齐福作

◆ 齐福存书

杨齐福作

林楠：时空的交错

林楠创作的两枚《林楠藏书》，以飞天女子为主图，但又不完全是古代壁画中轻盈妙曼的飞天。他融入了现代壁画艺术形象，突出丰腴的女性特征，肥硕的大腿是现代派的表现；有规律的弧线不规则排列，或古典的玉器和青铜器乳钉回纹密集排列，作为飞天女子飘飞的背景；加以古代方孔铜钱和布币与飞天相伴相随，更突出了古典和现代的时空交错。

这两张藏书票线条细腻，描绘的形体健硕，背景的线条纹饰富有装饰效果。"林楠藏书"的空心字在画面上巧妙布局，画面耐人寻味。

◆ 林楠藏书（一）　　　　◆ 林楠藏书（二）

林楠1998年作　　　　　　　林楠1998年作

文牧江：浮世绘的韵味

文牧江创作的《书中自有颜如玉》有日本浮世绘的韵味，线装古籍书的边饰恰到好处地表现了这一主题。

◆ 书中自有颜如玉

文牧江1997年作

洪凯：朦胧胜过清晰

　　这两张藏书票的主图都是女性形象，从表现手法到题材均借鉴了西方艺术，富有现代感。两张藏书票在表现女主角形象时有一个共同点，就是不求清晰呈现，故意模糊女性的面容。一张没有眼睛和鼻子，而突出红唇和头发，更加性感；一张虽有完整五官，但处理得朦朦胧胧，若隐若现。

　　此处无声胜有声。在艺术上，往往无胜于有，少胜于多，朦胧胜过清晰，空白胜过丰满，因为朦胧和空白给读者留下广阔的想象空间，更加引人入胜，可激起读者的再创作欲。

　　这两张藏书票采用凹版印刷，水珠斑点的处理，有技法探索的意味。

◆ 洪凯藏书（一）　　　◆ 洪凯藏书（二）

洪凯2013年作　　　　　　　洪凯2013年作

滕雨峰：雍容的东方女子

承德藏书票艺术家滕雨峰创作的女子头饰藏书票《雨峰藏书（一）》雍容大方，表现了东方女子华贵、典雅的美，头饰上的花蝶和衣领式样古雅的花纹刻制十分精细，富有民族气息和传统文化底蕴。

《雨峰藏书（二）》亦可名《飞天》，以红色为底，裙带飘飘云飞扬，如火中凤凰升天。该作品借鉴了汉代画像石拓片艺术，飞天脸部和五官略显模糊，似乎美感不足，但无损汉画像石拓片的金石味和古朴之美。

◆ **雨峰藏书（一）**　　　　　◆ **雨峰藏书（二）**

滕雨峰1998年作　　　　　　滕雨峰1998年作

张莺懿：寂寞嫦娥舒广袖

　　武汉张莺懿创作的《嫦娥奔月》和承德滕雨峰创作
的《飞天》有异曲同工之妙。在构图上，两枚藏书票都
是表现腾云驾雾、翩然飞升，且嫦娥的形体、姿势的刻
画与飞天也极为相似。

　　张莺懿的《嫦娥奔月》有日月在天，红色的太阳中
三足的太阳鸟翩翩起舞，银色的弯月中是古代传说中象
征月亮的三条腿的蟾蜍，下有北斗七星，左右皆星系。
嫦娥垂目人间，无限依恋，柔情缱绻。这枚纸版藏书票
线条粗犷，刀法泼辣，有巾帼不让须眉之气概。

◆ **嫦娥奔月**

张莺懿1997年作

金栋：人比黄花瘦

　　金栋的这枚藏书票和滕雨峰的明朗坦然风格形成
对照，它表现的仿佛是古代女子的苦读图画，孤星、冷
月、寒窗，人比黄花瘦。但虽然板凳坐得十年冷，也许
苦中有乐。

◆ **金栋藏书**

金栋1999年作

瞿安钧：景少意丰

背上背着婴儿，手中托着鸟儿，眼中充满了祈盼，祈盼人类和平，繁衍生息，关爱自然并与其和谐相处。这是瞿安钧这枚迎接2000年的藏书票《平幼泉藏书》的主题。

《安钧藏书（一）》画面中，打羽毛球的女子身材矫健，婀娜多姿，充满青春活力。瞿安钧的藏书票线条优雅，风格简洁，笔简气壮，景少意丰。

◆ 平幼泉藏书   ◆ 安钧藏书（一）

瞿安钧2000年作   瞿安钧2000年作

◆ 安钧藏书（二）

瞿安钧2003年作

◆ **刺绣图**

瞿安钧2003年作

瞿蔚：朴拙童趣

比起父亲瞿安钧的作品，瞿蔚的这枚双女子藏书票朴拙率真，线条丰润厚重，反而在童趣中有苍凉味。父亲传统，女儿现代，这是自然的。然而，父亲阴柔，女儿粗犷，却是相反的。父女相反相成，也相辅相成，父女联手在中国藏书票艺术园开辟了一方艺术天地。

◆ **瞿蔚藏书**

瞿蔚1992年作

刘琛：珠帘玉翠的风情

刘琛藏书票中的这几个藏族女子，或正面，或背面，作者不惜笔墨表现人物珠帘玉翠的饰物，从而表现其作品的民族特征和民族风情。刘琛的藏书票风格清秀、纤细，具有很高的艺术价值。

◆ 刘琛书票（一）

刘琛1996年作

◆ 刘琛书票（二）

刘琛1996年作

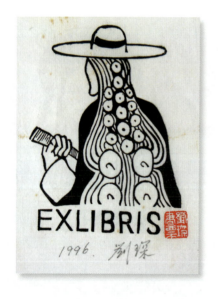

◆ 刘琛书票（三）

刘琛1996年作

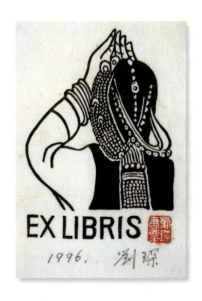

雷碧瑚：以书为伴的女子

雷碧瑚创作的几枚藏书票以略带夸张变形的手法，表现了都市女子与书的关系。张大嘴巴的歪头女子表现出一种百无聊赖的无奈；以书为床酣然大睡的女子则对书有着须臾不可分离的感情。

这些藏书票都弥散着对浮躁的现代人人格扭曲的关注。在这里，书到底是都市女子真实的需求，还是无可奈何逃避的港湾？这些夸张变形的画面耐人寻味。

◆ **睡在书上的女子**   ◆ **碧瑚的书**

雷碧瑚作   雷碧瑚作

吴若光：蓝印花布风情

吴若光的少数民族女性藏书票描绘了披戴民族头巾的双女子头部肖像，通过正面和侧面的粗线条勾勒，饰以花蝶等背景，表现了少数民族女性天然去雕饰的纯朴和自然之美。

◆ **若光藏书**

吴若光作

张继渝：简洁洗练

重庆张继渝的水印木刻《藏族少女》和湖南吴若光的少数民族女子都采用木面木刻技法，然而创作风格迥异。

张继渝采用阴刻粗线条勾勒的手法，突出藏族少女的鼻子、眉眼和具有民族特色的耳环，去掉环境装饰物，简洁洗练，传神写意。

张继渝的水印双人体藏书票《女人体》也只用了一种简单的颜色——绿色，这是青春和活力的色彩，以阴刻粗重的线条，通过突出女性特征部位，抽象地表现了人体曲线之美。

◆ **藏族少女**　　　　　　　　　　◆ **女人体**

张继渝作　　　　　　　　　　　张继渝1998年作

牟春风：木偶之脸

牟春风的人体藏书票以现代艺术的形式表现传统情调。现代社会，人类变得越来越功利、浮躁、虚伪、冷漠，同时人类对真诚、爱心和单纯等更加渴求和珍惜。

牟春风的藏书票中充满了这样一些人：他们大多有一张漠然、麻木的木偶般的脸，然而他们的动作、姿态和手都充满了焦灼不安的情绪；他们在烦躁地寻找着什么、攫取着什么，然而找到的也许是他们过去和将来要丢弃的。

牟春风的藏书票艺术没有给我们提供答案，他只是以艺术家的视角提出问题，因为提出问题比找到答案要难得多。他的藏书票艺术与当代新文人画派有一脉相承的风格。

◆ **老牟之书**

牟春风1999年作

王晶猷：抓取瞬间表情

王晶猷的木版双套色《猷藏》藏书票，刻画了葫芦架下的女子，抓取一瞬间表情，自然、朴实地描绘一个传神的场景，显示了版画艺术家纯熟的技法。

王晶猷1992年作

周志清：速写的基本功

　　这些铜版藏书票很多是以作者的钢笔素描和钢笔速写为原图创作的，如这3张《郁田藏书》，都是先有钢笔素描或钢笔速写，再有藏书票。

　　素描和速写是一个画家的基本功，从这些藏书票可看出，周志清非常注重基本功的修炼，他的写实造型能力相当强。将藏书票与他的素描和速写比对欣赏，可以看出他的钢笔素描和速写线条细密，笔触奔放，显然是花费心血之作。这些钢笔画既有西方钢笔素描的技法，也借鉴吸收了木刻的线条、铜版画的暗部多层画法，还吸收了中国画的写意行线，将多种技法融会贯通，显示出周志清深厚的艺术积淀和多方面的才华。

◆ **郁田藏书（一）**　　　　　　◆ **郁田藏书（二）**

周志清2002年作　　　　　　　　周志清2002年作

20世纪70年代末到80年代是文艺的春天，在那个读书是时尚的年代，文学青年往往因书结缘，因书相恋。当时周志清也是一个文艺青年，想必对那个时代有深刻记忆，他创作的这张《读书》藏书票，似乎表现的正是那个时代的记忆：男青年手拿一本书，给女青年读书；女青年跪在地上，是对知识的顶礼膜拜，也是对书的臣服。

◆ 郁田藏书（三）　　　　　　　　◆ 读书

周志清2002年作　　　　　　　周志清1999年作

　　两个文学青年在传递一本书，看起来像是一对热恋中的恋人，他们正珍惜地捧着这本书。《琴曾爱》藏书票表现了对书的珍视。

　　这是一本好书，女青年急切想要得到它，男青年故意逗她，将书传到另一只手上，远远地伸到女青年够不着的地方。

　　女青年抢啊抢啊，求男青年将书给她。这张《晓岗需爱》画面饶有趣味，富有时代感，表现了那个属于文学青年的时代对知识的渴求和纯真的性情。

◆ 琴曾爱   ◆ 晓岚需爱

周志清作   周志清作

张松正：形体的内涵

张松正的读书女子或站或立，或坐或卧，艺术家以细腻的笔触和流畅的线条，展现了与书相伴的女性的千姿百态。这些女性丰盈的外在形体都被赋予了内在品格思想和内涵，拓展了女性的意蕴，从而体现了画家的女性观念和价值观。

◆ 云山书库　　　　　　◆ 庆鸿藏书

张松正1995年作　　　　张松正1995年作

陈燕林：梦幻女子

　　陈燕林的人体藏书票刻画了两个梦幻般的少女，线条概括、简洁，刀法粗犷流利。他善于以简单的背景营造氛围，造成一种朦胧梦幻的效果。

◆ 燕子藏书   ◆ 李明藏书

陈燕林作   陈燕林作

黄德民：纤细的湘妹子

　　或竹林月色，或春江水暖，美丽妙曼的少女如月，如水。黄德民眼中的湘妹子线条纤细，风格纯净，以简示丰。

◆ 德民藏书（一）　　　◆ 德民藏书（二）

黄德民1998年作　　　　黄德民1998年作

◆ 德民藏书（三）　　　　◆ 德民藏书（四）

黄德民1998年作　　　　　　　黄德民2000年作

◆ 德民之书（一）　　　　◆ 德民之书（二）

黄德民2000年作　　　　　　　黄德民2000年作

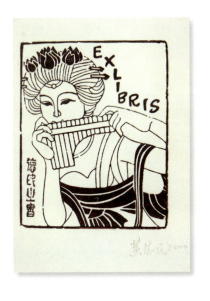 

吴家华：知识的升华

"读一本好书就是和许多高尚的人对话"，这是贵阳艺术家吴家华为遵义市图书馆制作的一枚藏书票。图中少女仰头凝望远方，书在膝上，她仿佛正在回味书中的哲理。少女在这里是美的化身，而美需要知识来升华。画家着力刻画出少女健美的形体，旨在表明，读书培育健康、正直、真诚的人格。

◆ 读一本好书

吴家华1998年作

贾茹：书如女人

　　书与女子的关系在贾茹的眼中别具深意。在她眼中，一本站着的书，就是一部人生；一个女子，就是一本没有打开的书。她将女子头像安排在书的封面，左下角是"贾茹"印章，既代表票主，又可以看作是书名。那么，女子肖像就是她的自画像了。

　　这枚藏书票构思巧妙，立意新颖，构图别致，没有任何闲笔，包括藏书票标志和票主名的安排都恰到好处，画面含蓄、典雅、端庄，富有文化品位，耐人寻味。

◆ **贾茹之书**

贾茹作

乐建成：江南女子的端午节

　　有装饰物的女子形象往往别具风姿。乐建成的《端午节》是他的民俗节令系列书票之一，通过女子蓝印花头巾和几个粽子，点染出端午节的氛围。民间女子温良纯朴的形象具有典型的东方传统韵味。

◆ 端午节

乐建成1998年作

秦国君：草原上的女子

来自内蒙古的秦国君创作的藏书票上，蒙古族少女端庄清丽，微微张着的嘴唇充满了对未来美好生活的期盼和渴望。

帽子上展开的是一幅草原生活恬静旷远的图画。蒙古包在远处，马和羊在悠闲地散步。

富有民族风情的饰物恰切地衬托出少女的美丽，垂在耳朵下面的两只大耳环，衬托出她小巧娟秀的瓜子脸。

◆ 邓彤藏书

◆ 锁全藏书

秦国君2000年作

秦国君2000年作

邹中生：少女与老妇人

邹中生创作的这张《老妇人》藏书票，刻画了一个北方少数民族老妇人形象。老人的脸布满皱纹，在艺术中是美的。

长发披肩的少女是青春而美丽的，而刻满岁月阅历的脸也是美的。邹中生的女性藏书票充满了时间的辩证。

◆ **老妇人**　　　　　　◆ **长发少女**

邹中生1995年作　　　　邹中生1988年作

陈会中：后现代式表达

　　陈会中是一位有强烈的现代情趣的画家，他的藏书票线条夸张变形，画面荒诞离奇，构图超脱现实，所有这些都是后现代的，仿佛魔幻现实主义文学中的情景。

　　陈会中的藏书票大多采用金属腐蚀版制作。在他的人体藏书票中，往往有一只怪物，似牛非牛。有时候，一件乐器也是不可少的。据说，陈会中酷爱音乐，钢琴、提琴、六弦琴无所不精。艺术是相通的，在陈会中的人体藏书票中，我们可以感受到音乐的旋律，听到他波澜起伏的内心情感的强烈宣泄。大音希声，据陈会中的同学讲，陈会中是沉默的。沉默的人常常更具有爆发力。

　　无论你是否喜欢陈会中的艺术作品，这些在丑陋变形的物体中凸显的夸张的人体，都能给你带来心灵的激荡。

◆ 会中藏书（一）   ◆ 会中藏书（二）

陈会中1998年作   陈会中1998年作

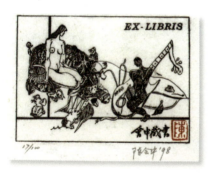

◆ 会中藏书（三）

陈会中2001年作

◆ 会中藏书（四）

陈会中2001年作

杨贞皇：劳动的快乐

　　杨贞皇的藏书票表现了贵州少数民族女性的劳动场面。《杨贞皇书票》以错落有致的构图，表现了 5 位农家女子春播的情景，画面充满了明快、欢乐的氛围。他的藏书票在技法上显然是稚嫩的，然而它来源于生活，充满对生活的挚爱，清新拙朴，富有浓郁的生活气息和民族风格。

◆ 杨贞皇书票

杨贞皇作

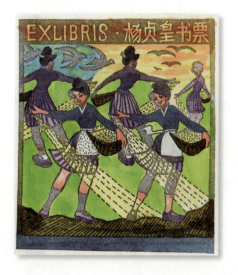

李山楼：少数民族女性肖像

李山楼的 3 枚少数民族女子藏书票具有浓郁的民间艺术特色，线条流畅而秀雅。

◆ **山楼藏书**

李山楼作

◆ 岩林爱书

李山楼作

◆ **山楼书票**

李山楼作

袁利君：拙中见巧

袁利君的少数民族女性藏书票刀法简朴，拙中见巧。

如在构思上出新出巧，将更有潜力。

◆ **伍英藏书**

袁利君1998年作

蒋志伊：民族服饰艺术

　　蒋志伊创作的少数民族女性藏书票系列，仿佛展现给我们一场服装表演，展示了少数民族女性的服饰艺术。这些电脑制作的藏书票，在朦胧中有一种逼真的效果。

◆ 志伊藏书（一）

◆ 志伊藏书（二）

蒋志伊作

蒋志伊作

于先锋：透视与纵深

　　于先锋创作的这组女子人体藏书票，身姿优美，动感传神。他善于在人体线条周边通过交错的短线制造阴影，使人体有了明暗的透视感，使画面有了纵深感。

◆ 小蔡书票　　　　　　　　　　◆ 先锋书票

于先锋1999年作　　　　　　　　于先锋1999年作

　　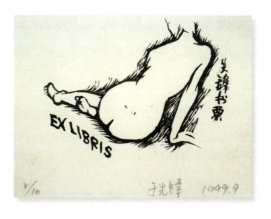

王玉亭：言有尽意无穷

　　王玉亭的凸版木刻双人体书票，刻画了手托书籍迎面走来的少女，飘逸的头发，摆动的左手，自信、轻盈、坚实而柔美的步伐，带给我们扑面而来的青春气息。小小画面，单纯的黑白两色，每一处细微的空白处都散发着清新的诗意。

　　两个少女一倒一正，横看、竖看、左看、右看，都十分耐看。在均衡、简洁的线条中，表现出丰富的内容。简单明快中，有一种言有尽而意无穷的含蓄之美。

◆ 玉亭珍藏

王玉亭1998年作

蔡金章：沉百年于书

双手扶膝的女子，是沉醉于读书的女子。香港画家蔡金章的人体藏书票，以一本打开的书前坐着一位丰硕女子的画面，表现了读书的痴迷，如饮甘霖。

◆ 小杨爱书　　　　　　　　　◆ 小东珍藏

蔡金章作　　　　　　　　　蔡金章作

邵卫：构图均衡端庄

这是一张表现清代女子头饰的藏书票，清朝格格的装束中往往出现这种帽子和头饰。均衡端庄的构图简洁而巧妙，色彩应用别具巧思。

◆ 阿兴书票

邵卫作

张文荣：古典而现代

张文荣创作的女子题材藏书票具有古典之美，又有现代气息。

《文荣藏书》中刻画一长裙曳地的古代女子款款前行。通常画家都会在前行人物的前方留白，这张藏书票反其道而行之，将留白放在人物身后，但同时将藏书票拉丁文和"文荣藏书"四字填写在后面，使画面获得了均衡的效果，同时长裙曳地有了表现的余地，构图可谓煞费苦心。

◆ **文荣藏书**

张文荣1998年作

冉茂魁：和平的向往

冉茂魁的女性题材藏书票风格较为一致，采用木版油印技法，全部有底色，画中女子或表现婀娜身姿，或刻画脸部特写，张张都有飞翔的鸽子和橄榄枝叶，表达了对世界和平的美好期望。

◆ **郁田藏书**

冉茂魁2003年作

◆ **良海藏书**

冉茂魁2003年作

◆ 茂魁藏书

冉茂魁2003年作

于洁夫：梦幻年华

少女拥有梦幻年华，她们有长长的睫毛、飘逸的长发，或低眸凝思，或昂首向阳，或如童话中纯洁的公主……于洁夫的这组水印木刻藏书票，为我们创造了一个梦幻少女的纯情世界。

于洁夫日常创作的除了水印木刻藏书票，更多的是亚克力（塑胶版）技法藏书票。她钟情于女性肖像藏书票的创作，线条刚中有柔，寥寥数笔，将女性的柔情刻画得如梦幻般美好。在这一题材领域，于洁夫的藏书票形成了她鲜明的个人风格，有其个人色彩。

◆ 舍利的书   ◆ 邵卫之书

于洁夫1998年作   于洁夫1999年作

◆ 兴治爱书　　　　　　　　　◆ 洁夫的书

于洁夫1998年作　　　　　　　于洁夫1999年作

◆ 茂魁书屋　　　　　　　　◆ 安生的书

于洁夫1999年作　　　　　　于洁夫1998年作

◆ 志伟藏书

◆ 洁夫藏书

于洁夫1999年作

于洁夫1999年作

◆ 茂魁藏书 ◆ 茂魁之书

于洁夫1999年作 于洁夫2000年作

◆ **大国藏书** ◆ **广胜藏书**

于洁夫2005年作 于洁夫2005年作

◆ 逢军藏书   ◆ 邵卫珍藏

于洁夫2005年作   于洁夫1999年作

◆ 阿年之书　　　　　　　　　◆ 雅丹藏书

于洁夫2000年作　　　　　　　于洁夫2001年作

◆ **大国书屋** ◆ **陈宏藏书**

于洁夫2001年作 于洁夫2005年作

邓勇：人体雅致之美

和王僖山的人体美学截然不同的是，邓勇刻画的人体苗条窈窕，舒展自由，雅致脱俗，线条有钢笔素描的效果，鲜明地表现了人体之美。

◆ 邓勇藏书（一）

邓勇1998年作

◆ 邓勇藏书（二）

邓勇1998年作

◆ 邓勇藏书（三）

邓勇1998年作

龙开朗：飞向理想境界

贵州藏书票艺术家龙开朗创作的两张女性题材藏书票，一张上面是戴眼镜的现代读书女子，她身后的书籍向天上飞舞，像极了大雁，寓意读书和知识能给人一双翅膀，飞向理想境界；另一张刻画一位少数民族女子，侧面像勾勒出俊美眉眼，一丝不乱的发髻上围绕着头巾，头巾上的绣花及耳饰，表现了作者对少数民族服饰的细微观察。

◆ 殷之书　　　　　　　　◆ 少数民族女子

龙开朗1998年作　　　　　　龙开朗1987年作

侯金利：民间艺术魅力

　　天津藏书票艺术家侯金利对民间美术乐此不疲，创作了一组以剪纸构图的藏书票，这是其中两张。作者以古籍书页形式，将剪纸中的女性人物置于书页中央，周围一圈宋体文字介绍剪纸，表明："今以剪纸形式制藏书票一套十枚，可窥见民间艺术魅力之一斑。"

◆ 老十藏书之六　　　　　　◆ 老十藏书之十

侯金利1998年作　　　　　　侯金利1998年作

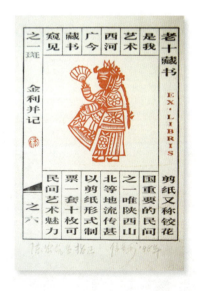 

杨金生：强烈的光影效果

　　杨金生的两张表现少数民族女子的藏书票，均采用黑白木刻形式，虽然颜色单调，但在单调中，作者突出表现了强烈的光影效果。女子明亮的面庞和银饰，在黑白对比中，产生了令人过目难忘的艺术效果。

◆ 少数民族女子（一）　　　　◆ 少数民族女子（二）

杨金生1997年作　　　　　　　　杨金生1997年作

邵天华：秉烛寻书

邵天华为红烛书屋创作的这枚藏书票构思十分巧妙。小小画面描绘一女子立于书架前，秉烛寻书，书架表明环境是书屋，红烛点明书屋的名称。藏书票大半篇幅是篆书"好读书读好书读书好红烛书屋印纪"，仿佛就是打开的书中之一页。

◆ 红烛书屋

邵天华作

王僖山：丰腴之美

　　王僖山的作品打破了人们以瘦为美的审美习惯，他的人体藏书票表现的都是丰硕而肥腴的女子形象。她们不是妙龄少女，而是少妇，乃至中年妇女。她们慵懒、散漫，闲适而寂寞。也许她们正因为青春不再，所以多沉湎于昔日时光。王僖山的这组人体藏书票，表现了一种独特的审美情趣。

◆ 何为民爱书　　　　　　　　◆ 苏滨生珍书

王僖山2000年作　　　　　　　　王僖山2000年作

◆ 王适珍书　　　　　　◆ 王同君书库

王僖山2000年作　　　　　王僖山2000年作

◆ 周胜华书屋　　　　　　　◆ 王民书屋

王僖山2000年作　　　　　　王僖山2000年作

殷远翔：原始韵味

　　这组表现云南少数民族女子的藏书票，以简洁的构图、稚拙的线条，刻画出一组古朴的女子形象，或脸部特写，或舞蹈动态，或双人闲聊，或相夫教子，画面既具有原始韵味，又富有清新的大自然气息，还有远古岩画的风格。画家似乎孜孜以求于原始与现代的对接，包括纸张的采用，也追求粗糙简朴的质感。

◆ 远翔藏书（一）　　　　◆ 远翔藏书（二）

殷远翔作　　　　　　　　殷远翔作

◆ 远翔藏书（三）

殷远翔作

◆ 远翔藏书（四）

殷远翔作

胡有全：深情的藏族女子

　　一位藏族女子手牵骆驼，驻足凝望。

　　是在等待情郎，还是和母亲依依惜别？眉眼和嘴唇的刻画，将人物的心理、情感表现得入木三分。

　　远方逶迤而行的驼队，同近前的女子手牵的高大骆驼形成了远与近的透视对比。

◆ **有全藏书**

胡有全2001年作

卢结闸：书的捍卫者

　　袒露上身的女子，背后是书，头顶是书，用知识捍卫

尊严？《捍卫者》耐人寻味。

◆ 捍卫者之二

卢结闹2016年作

蓝廷文：眉眼传神

蓝廷文惯于采用大量细如游丝的同向线条铺陈空间感，衬托人物眉眼传神。阴刻与阳刻的交织，古典与现代的和解，在他的女性题材藏书票上留下探索的痕迹。

◆ 卖花担

蓝廷文2014年作

◆ 绣枕花

蓝廷文2015年作

◆ **阿兰书柜**

蓝廷文2017年作

唐润华：风从东瀛来

幼泉是指藏书票收藏家平幼泉，20世纪末创办藏书
票小刊《梧桐阁》，在藏书票界颇具影响，很多藏书票
艺术家都为他创作过藏书票。唐润华的这张《幼泉之书》
采用他擅长的水印木刻技法制作，一个发髻戴花的女子头
像，类似李平凡藏书票的风格，颇有东瀛之风，又具盛唐
气象。

◆ 幼泉之书

唐润华2000年作

刘佳：阴阳交错的趣味

《刘佳藏书》刻画了女子三人舞蹈，阴刻和阳刻兼具。上半部一个舞蹈女子为阳刻，下半部两个舞蹈女子为阴刻，在阴阳交错间体现版画艺术的趣味。

◆ **刘佳藏书**

刘佳1998年作

刘继鹏：蜡纸刻版油印技法

《金凤之书》采用蜡纸刻版油印技法，这一技法在当代藏书票界很少有人使用，刘继鹏对此情有独钟，沉迷其中，创作了数十张此类平版藏书票，堪称这一技法的代表性画家。《金凤之书》就是这一技法的代表作之一。

◆ **金凤之书**

刘继鹏2000年作

玉磊：蓝色的梦想

　　少女正值梦幻的年龄。梦想大海，大海是蓝色的，蓝色的画面有阳光闪烁，或海星点点。

　　少女是花样年华，如花的年龄，在头上簪一朵红花，梦想在阳光下肆意绽放。

　　海风吹，海风吹起头发，飘拂乱舞的头发将思绪带到很远很远。

　　少女的梦是粉红色的，粉红色之上，蓝色之中，少女俯瞰大海，她看到了闪烁的星星。

◆ **玉磊藏书**

玉磊作

吕仲寰：回到《诗经》时代

一棵桑树，三个古代女子在采桑叶。一个爬到树杈上摘桑叶，一个手提篮子在树下接桑叶，一个扶着不胜重负的树干。画家吕仲寰注重曲线的呼应，树枝和树叶的招摇曲线，三个女子苗条身材的婀娜曲线，相互衬托，摇曳生姿，构成了一幅古朴原始而又生动活泼的画面，充满生机勃勃的意趣。

◆ **亚铭爱书**

吕仲寰1998年作

蔡欣：自然的生活气

三个老妇人坐在一起聊天。她们的服饰和神态各异，但都面容慈祥，目光平和淡定。冬日暖阳照耀在她们身上，淡淡的橙色背景，更衬托出她们安享晚年幸福时光的模样，就连怀里的猫也是那样闲适而舒坦。

这张藏书票是作者蔡欣为启东版画院院长丁立松创作的，没有炫技，一切都显得那么自然，充满生活气息，散发出一种感人至深的内在力量。

◆ 立松珍藏

蔡欣作

冒怀苏：知识给她力量

冒怀苏的《旭日》藏书票表现朝阳喷薄而出，金光万道，海鸥翔集，捧书而立的女青年朝气蓬勃，充满自信地凝视远方。是知识给了她智慧和力量，读书、爱书、藏书的新一代，必然会迎来灿烂似锦的前程。

这枚藏书票的构图和创作观念虽然稍显老套，但技法圆熟，色彩和谐老到，很好地体现了老一辈版画艺术家炉火纯青的艺术造诣。

◆ 旭日

冒怀苏1995年作

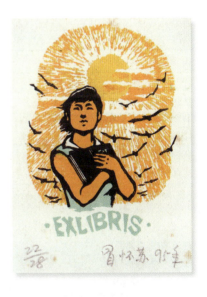

图书在版编目（CIP）数据

媚眼含羞丹唇笑：妙曼佳人 / 沈泓著 . — 天津：
天津教育出版社 , 2024.6
（书中蝴蝶：中国当代藏书票）
ISBN 978-7-5309-9035-3

Ⅰ.①媚… Ⅱ.①沈… Ⅲ.①藏书票 – 中国 – 图集
Ⅳ.① G262.2-64

中国国家版本馆 CIP 数据核字 (2024) 第 081758 号

书中蝴蝶：中国当代藏书票
媚眼含羞丹唇笑：妙曼佳人
SHUZHONG HUDIE ZHONGGUO DANGDAI CANGSHUPIAO
MEIYAN HANXIU DANCHUNXIAO MIAOMAN JIAREN

出版人 黄 沛 丁 鹏

作　者　沈　泓
选题策划　王轶冰
特约策划　丁　鹏
项目执行　常　浩
装帧设计　杨　晋
责任编辑　谢　芳　张　清

出版发行　天津出版传媒集团　　　　金城出版社有限公司
　　　　　天津教育出版社
地　　址　天津市和平区西康路 35 号　北京市朝阳区利泽东二路 3 号
邮政编码　300051　　　　　　　　　100102
经　　销　新华书店
印　　刷　鑫艺佳利（天津）印刷有限公司
版　　次　2024 年 6 月第 1 版
印　　次　2024 年 6 月第 1 次印刷
规　　格　787 毫米 ×1092 毫米　1/32 开
字　　数　180 千字
印　　张　10.75

定　　价　88.00 元